はじめに

2022年2月、ロシアが隣国《りんごく》のウクライナに侵攻《しんこう》し、世界が緊《きん》張《ちょう》に包《つつ》まれました。連日《れんじつ》ロシア軍《ぐん》がウクライナを攻撃《こうげき》する様子がテレビなどで伝《つた》えられると、世界の人々は「戦争《せんそう》」を身近に感じ、不安におちいりました。あなたも、「なぜ戦争《せんそう》になったのだろうか？」という疑問《ぎもん》をいだいたかもしれませんね。

戦争《せんそう》とは国と国の争《あらそ》いです。国が認《みと》める、あるいは後おしする「殺《ころ》し合《あ》い」と言ってもよいかもしれません。あなたはこれまで、「暴力《ぼうりょく》はいけない」、「争《あらそ》いごとの解決《かいけつ》は話し合いで」と教えられてきたと思います。また、多くの人は平和に暮《く》らしたいと望《のぞ》んでいるはずです。それなのに、暴力《ぼうりょく》による問題解決《かいけつ》の最《もっと》も極端《きょくたん》な現《あらわ》れである戦争《せんそう》が起こるのはなぜでしょうか。それを考えるには、国際《こくさい》社会のルールや各国《かっこく》の関係《かんけい》、それぞれの国の言い分を学ぶことが重要《じゅうよう》です。

このシリーズでは「どうして戦争《せんそう》はなくならないの？」という疑問《ぎもん》への答えを見つける方法《ほうほう》として、「地政学《ちせいがく》」の考え方を用います。「地政学《ちせいがく》」とは、国際政治《こくさいせいじ》や国と国との関係《かんけい》などを地理的《てき》な条件《じょうけん》をもとに研究する学問です。「A国とB国はなぜ仲《なか》が悪いのか？」「C国はD国をどのように思っているのか？」などを解《と》き明《あ》かすうえで、「地政学《ちせいがく》」が大切な手がかりをあたえてくれます。そして、世界のできごとがわかりやすくなるのです。

「なぜ戦争《せんそう》がなくならないか？」を考えることは、「どうしたら戦争《せんそう》をなくせるのか？」につながります。平和な世界を実現《じつげん》するにはどうしたらよいのか、いっしょに考えていきましょう。

監修者《かんしゅうしゃ》　池上彰《いけがみあきら》

教えて！池上彰さん

どうして戦争はなくならないの？

地政学で見る世界

1

アメリカ・ロシア

監修
池上彰

小峰書店

もくじ

※この本は、とくに断《ことわ》りのない限《かぎ》り、2023年1月時点の情報《じょうほう》にもとづいています。

地政学《ちせいがく》ってなに?

現在《げんざい》の世界には、約《やく》200の国があります。日本もそのひとつです。面積《めんせき》の大きな国、小さな国、周《まわ》りを海に囲《かこ》まれている国、海に面していない国、寒い国、暑い国など、それぞれに特徴《とくちょう》があります。

国と国とは、貿易《ぼうえき》や文化などを通じてさまざまな関係《かんけい》があります。交通や通信《つうしん》の発達《はったつ》している現代《げんだい》では、遠くはなれている国とでも強いつながりを持つことができます。逆《ぎゃく》に近い国でも交流が少ないことや、場合によっては対立が生まれることもあります。

国と国との関係《かんけい》を知ることは、「どうして戦争《せんそう》はなくならないのか」という問題を考える第一歩です。なぜなら、戦争《せんそう》はひとつの国だけでできるものではなく、必《かなら》ず相手国があって起こるものだからです。戦争《せんそう》をしかけた国にもしかけられた国にも、その国の立場にもとづく事《じ》情《じょう》や言い分があるのです。

世界の国と国の関係《かんけい》を、国際関係《こくさいかんけい》、あるいは国際政治《こくさいせいじ》などといいます。そのあり方には、各国《かっこく》の地理的《てき》な条件《じょうけん》

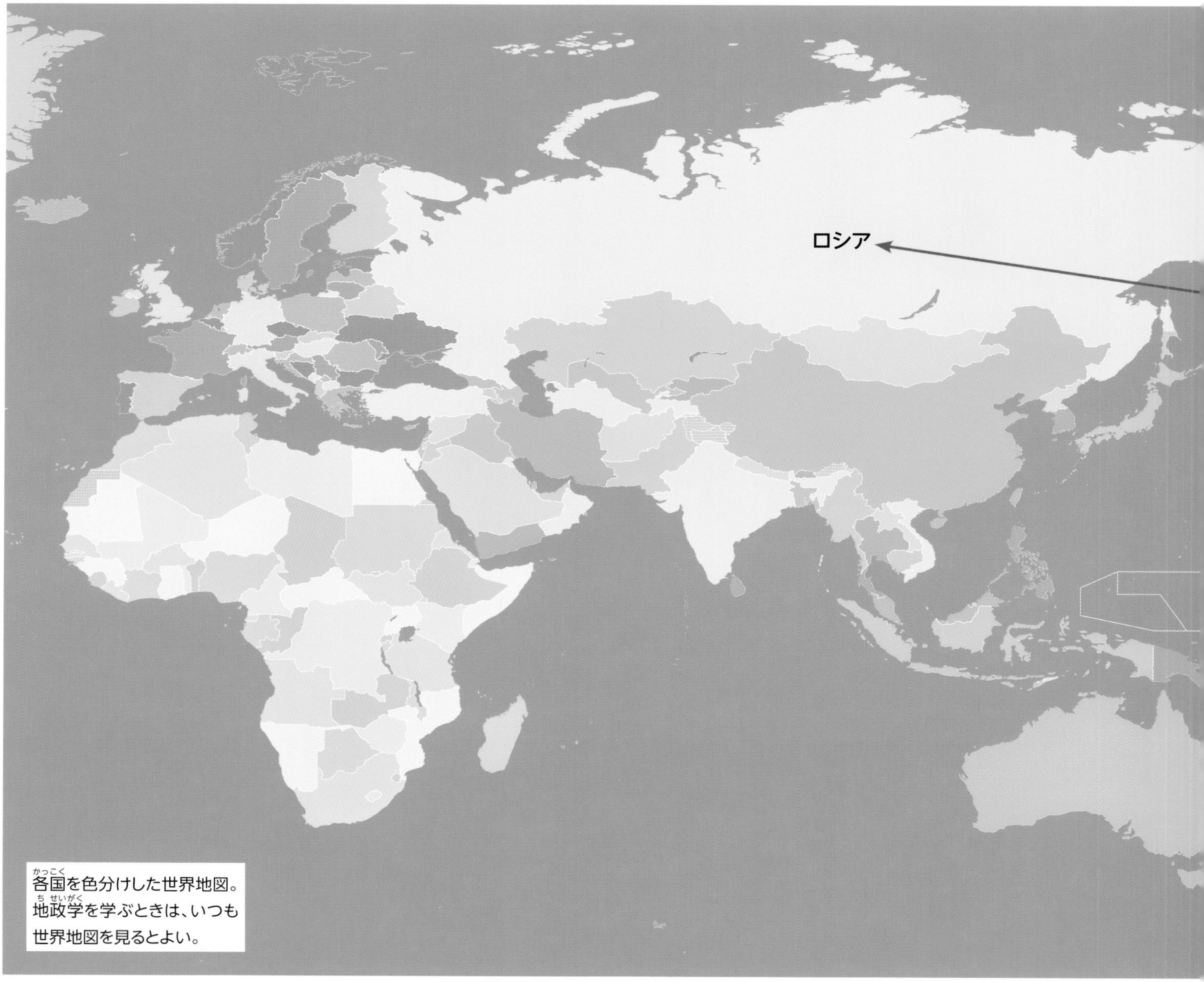

各国《かっこく》を色分けした世界地図。
地政学《ちせいがく》を学ぶときは、いつも世界地図を見るとよい。

が大きく影響《えいきょう》しています。そのため、地理的《てき》な条件《じょうけん》に照《て》らして考えると、国際政治《こくさいせいじ》がわかりやすくなります。これを地政学《ちせいがく》といいます。つまり、地政学《ちせいがく》とは、「国際政治《こくさいせいじ》を各国《かっこく》の地理的条件《てきじょうけん》をもとに研究する学問」なのです。

　地理的条件《てきじょうけん》とは、その国がどこにあるのか、海に面しているのか、どのような地形が多いのか、寒いのか暑いのか、降水量《こうすいりょう》が多いのか、少ないのかなどをさします。

　これからいっしょに、地政学《ちせいがく》について具体的《てき》に考えていきましょう。

©PIXTA

地図と地球儀《ぎ》

　立体的《てき》な地球を平面の地図で表すと、きょりや面積《めんせき》にひずみが出ます。アメリカとロシアは、地図では太平洋をはさんでいるように見えますが、地球儀《ぎ》で見ると、北極《ほっきょく》海をはさんでいることがわかります。

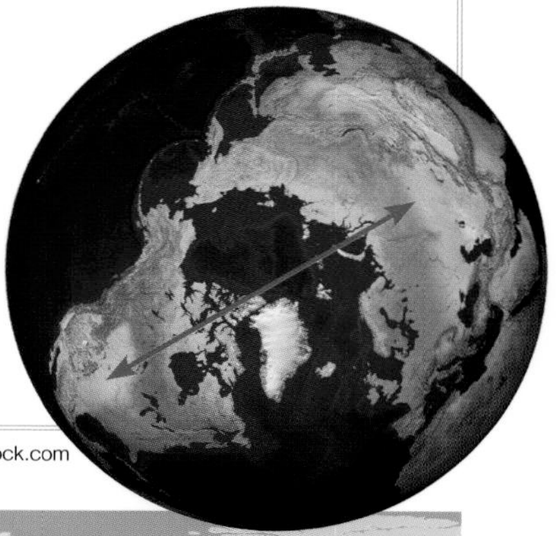

max dallocco/Shutterstock.com

国と国の関係《かんけい》

それぞれの国の特徴《とくちょう》がさまざまであるように、国と国の関係《かんけい》もさまざまです。日本はほかの国と陸地《りくち》で接《せっ》していませんが、多くの国は、他の国と国境《こっきょう》をはさんでとなり合っています。

歴史的《れきしてき》に見ても、となりの国が国境《こっきょう》をこえて攻《せ》めてきて、領土《りょうど》を支配《しはい》したり、財産《ざいさん》や資源《しげん》をうばっていったりすることは、よくありました。そのため、となりの国からの攻撃《こうげき》に備《そな》えて防御《ぼうぎょ》を固《かた》めたり、攻撃《こうげき》される前に攻撃《こうげき》したりすることもめずらしくありませんでした。

現代《げんだい》の国同士《どうし》の関係《かんけい》でも、ロシアがウクライナに攻《せ》めこんだように、となり合う国が戦争《せんそう》になったり、戦争《せんそう》にはならないまでも、対立したりすることはよくあります。となり合う国は、さまざまな分野で関係《かんけい》が深いだけに、敵対《てきたい》する関係《かんけい》にもなりやすいのです。

仮《かり》に、となりの国を敵《てき》とみなした場合、その国と敵対《てきたい》関係《かんけい》にある別《べつ》の国を味方にすることは自国にとって有利《ゆうり》です。「敵《てき》の敵《てき》は味方」という考え方から、敵対《てきたい》する国の「敵《てき》」とは積極的《せっきょくてき》に仲《なか》よくすることが多いのです。

となり合う国の対立

現在《げんざい》の国際関係《こくさいかんけい》でも、となり合う国同士《どうし》が対立する例《れい》がたくさんあります。

領土《りょうど》や資源《しげん》をめぐる争《あらそ》い、宗教《しゅうきょう》のちがいなど、さまざまな原因《げんいん》で、となり合う国同士《どうし》が敵対《てきたい》している例《れい》。

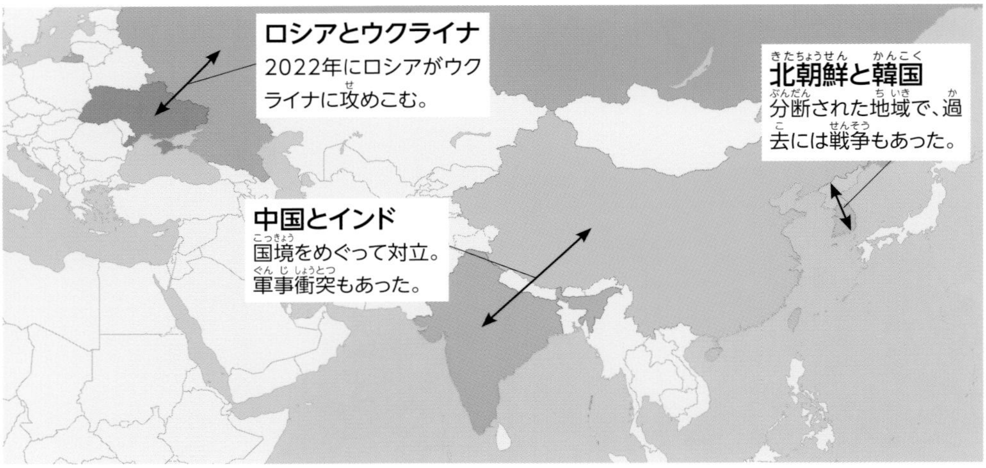

敵《てき》の敵《てき》は味方

敵《てき》の敵《てき》である国とは、対立関係《かんけい》から友好関係《ゆうこうかんけい》に変わることがあります。

中東ではイスラエルとアラブ諸国《しょこく》の間に対立がある。しかし、イランという、周《まわ》りの国から敵《てき》とみなされている国があることで関係《かんけい》がよくなっている。バーレーン、アラブ首長国連邦《れんぽう》は、2020年にイスラエルと国交を結《むす》んだ。

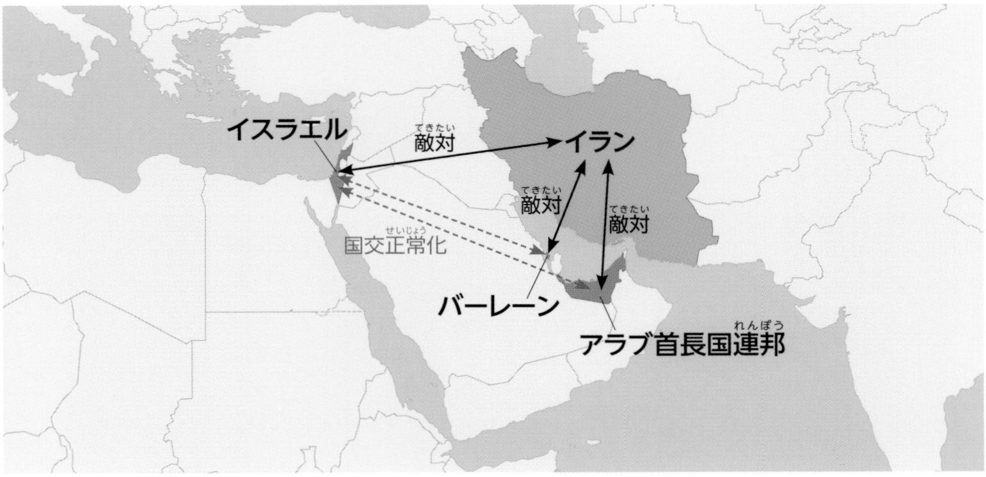

バランス・オブ・パワー

国と国の勢力《せいりょく》を同じくらいに保《たも》つことで、おたがいに自分の国の安全がおびやかされる要因《よういん》をなくそうとします。

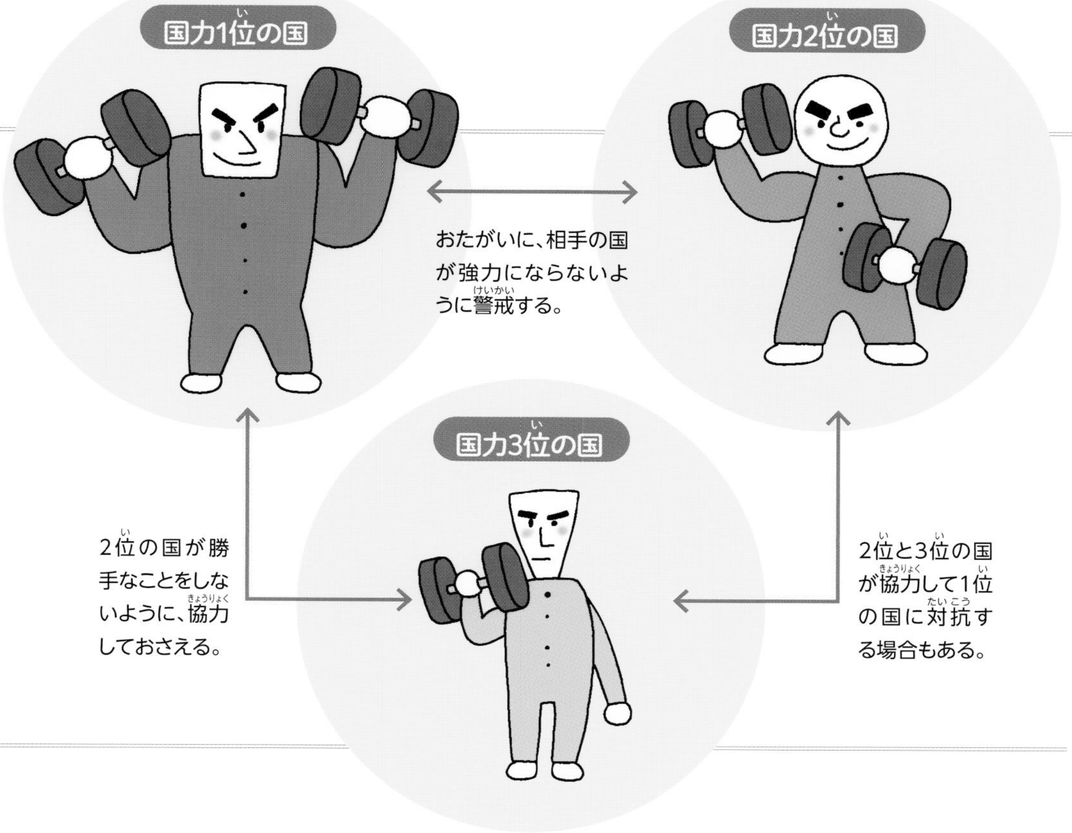

第二次世界大戦《たいせん》後

1980年代

2010年代

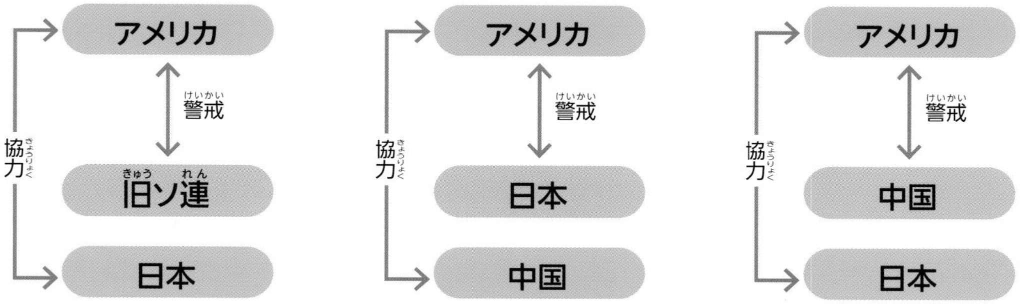

軍事《ぐんじ》面で旧《きゅう》ソ連《れん》を警戒《けいかい》し、日本と協力関係《きょうりょくかんけい》に。

経済《けいざい》面で日本を警戒《けいかい》し、中国と協力関係《きょうりょくかんけい》に。

軍事《ぐんじ》・経済《けいざい》面で中国を警《けい》戒《かい》し、日本と協力関係《きょうりょくかんけい》に。

超《ちょう》大国であるアメリカは、歴史的《れきしてき》に、バランス・オブ・パワーを重要《じゅうよう》視《し》した戦略《せんりゃく》をとってきました。

国と国との複雑《ふくざつ》な関係《かんけい》の中で、自分の国がよその国に攻《せ》められず、生き残《のこ》っていくためには、極端《きょくたん》に強い国が現《あらわ》れないように気をつけようとする考え方があります。これを「バランス・オブ・パワー」といいます。日本語にすると「力の均衡《きんこう》」ということです。

例《たと》えば、国力が1位《い》、2位《い》、3位《い》の国がある場合、1位《い》の国と2位《い》の国が協力《きょうりょく》して3位《い》の国に攻《せ》めこむようなことになれば、3位《い》の国が生き残《のこ》ることは難《むずか》しいでしょう。1位《い》の国にとっても、2位《い》と3位《い》の国が手を組んだら、自国の安全がおびやかされることになるかもしれません。このような場合、1位《い》の国は3位《い》の国と協力《きょうりょく》して、2位《い》の国が自国より強力にならないような戦略《せんりゃく》をとることが多いのです。これは、3位《い》の国にとっても有利《ゆうり》な戦略《せんりゃく》です。

実際《じっさい》の国際関係《こくさいかんけい》はこのように単純《たんじゅん》ではありませんが、どの国も「バランス・オブ・パワー」が重要《じゅうよう》だと考えています。歴史的《れきしてき》に見ても、国際関係《こくさいかんけい》は「バランス・オブ・パワー」をめぐって動いてきたといえます。

ランドパワーとシーパワー

地政学《ちせいがく》では、国々をランドパワーの国とシーパワーの国に分けて考えます。

ランドパワーの「ランド」とは「陸地《りくち》」のことで、大陸《たいりく》の内陸《ないりく》にあるか、海に面していてもじゅうぶんに活用できない国をさします。ロシアや中国、ヨーロッパのフランスやドイツなどがその代表です。一方のシーパワーの「シー」は「海」のことで、国土が海に囲《かこ》まれているか、多くが海に面している国をさします。アメリカや日本、イギリスなどが代表です。

ランドパワーの国は、陸上《りくじょう》での戦《たたか》いに備《そな》えて陸軍《りくぐん》を充《じゅう》実《じつ》させることに力を注ぎ、道路や鉄道での輸送能力《ゆそうのうりょく》に優《すぐ》れています。片《かた》やシーパワーの国は、海上での戦《たたか》いに備《そな》え海軍《かいぐん》に力を注ぎ、船による輸送能力《ゆそうのうりょく》にたけています。

歴史《れきし》の流れを見ると、ランドパワーの国とシーパワーの国が交互《こうご》に勢力《せいりょく》を強くしてきました。10～15世紀《せいき》は、陸上《りくじょう》交通が中心で、ランドパワーが優勢《ゆうせい》でした。15世紀《せいき》末《まつ》ごろから大航海《こうかい》時代が始まると、シーパワーのスペインやポルトガル、オランダ、イギリスが優勢《ゆうせい》になりました。しかし、19世紀《せいき》から鉄道交通が発達《はったつ》したことで、ロシアやドイツといったランドパワーが勢力《せいりょく》をのばしました。20世紀《せいき》後半からは、経済《けいざい》力を高めたアメリカや日本といったシーパワーの国が優位《ゆうい》になりました。

ランドパワー

内陸《ないりく》の国で、海に向かって進出しようとする傾向《けいこう》があります。

ロシアの進出

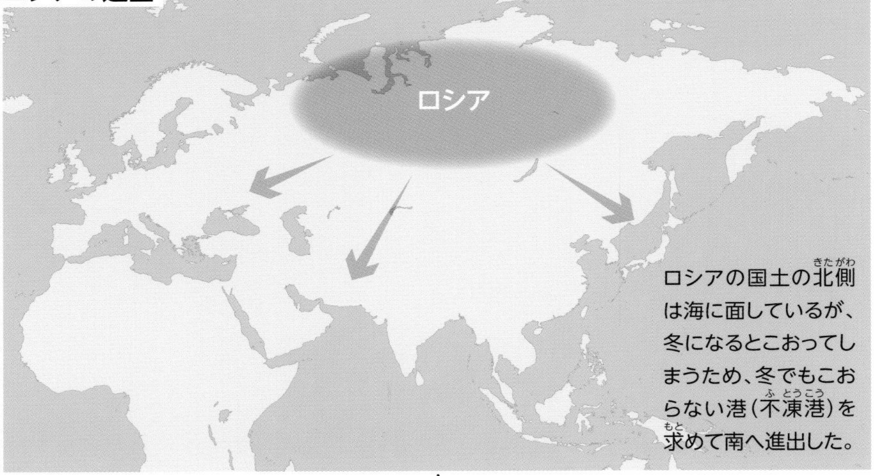

シーパワー

国土の多くが海に面している国。海の交通が発達《はったつ》し、各地《かくち》との交易《こうえき》がさかんです。

20世紀初《せいきはじ》めのイギリスの領土《りょうど》

ハートランドとリムランド

ハートランドからリムランドへの進出をめざしたことから、多くの国際紛《こくさいふん》争《そう》がリムランドで起こりました。

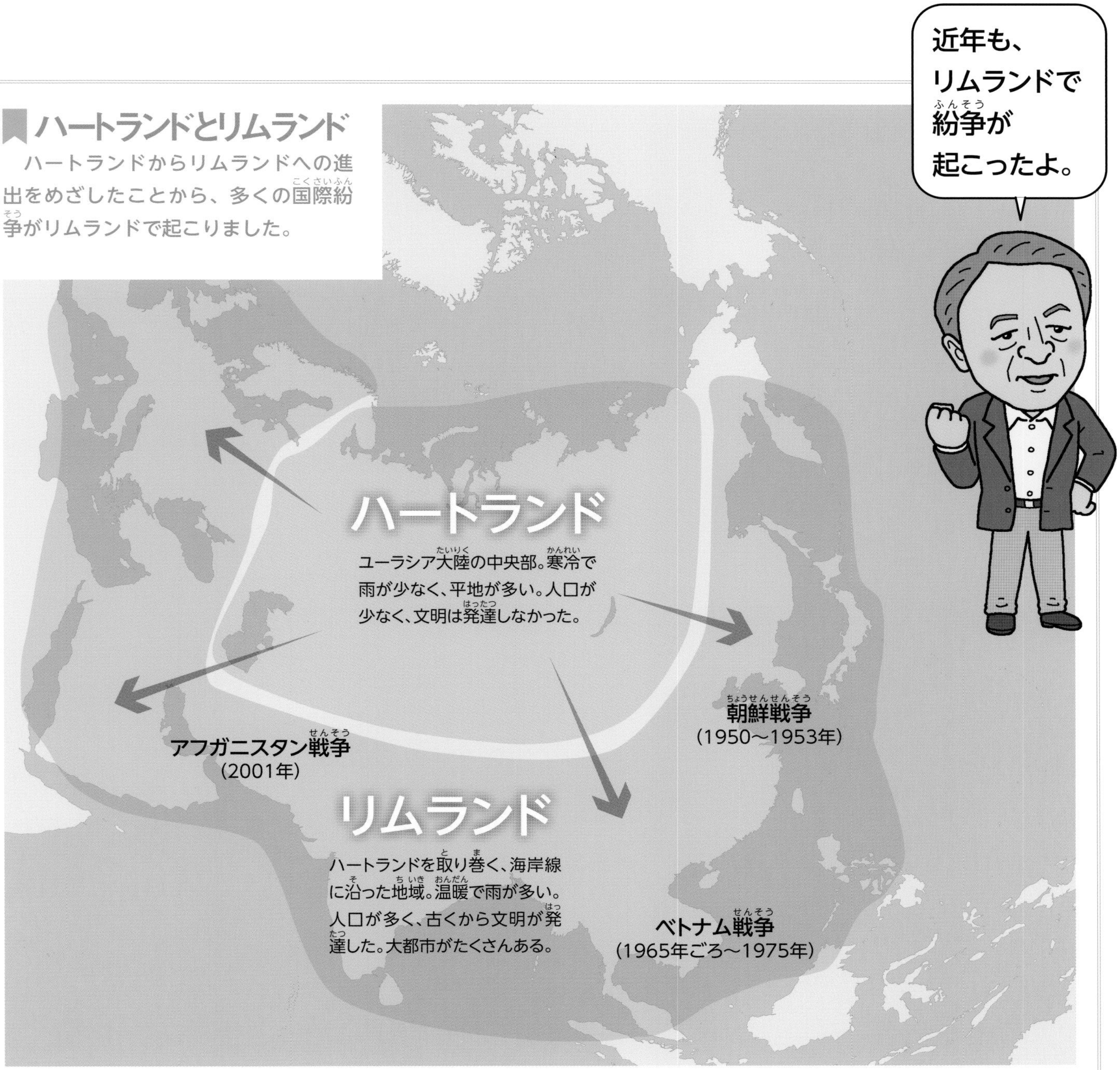

ランドパワーとシーパワーとは別に、地球上の領域《りょういき》の特徴《とくちょう》をもとにして言い表す言葉があります。

アジアとヨーロッパを合わせたユーラシア大陸《たいりく》の中央部は、ハートランドと呼《よ》ばれます。「ハート」は「心臓《しんぞう》」のことで、ユーラシア大陸《たいりく》の地理的《てき》な中心であることからこのように呼《よ》ばれます。現在《げんざい》は、そのほとんどがロシアの国土になっています。ハートランドは雨が少なく、土地が豊《ゆた》かではありません。そのため、人口が少なく文明はあまり発達《はったつ》しませんでした。

一方、ユーラシア大陸《たいりく》のふちで、海に面した地域《ちいき》はリムランドと呼《よ》ばれます。「リム」は「ふち」という意味です。リムランドは雨が多く、豊《ゆた》かな土地が多いことから、人口が多く、経済《けいざい》が発展《はってん》していました。ハートランドにある国が、豊《ゆた》かなリムランドへの進出をめざしたことから、これまで何度も国際紛争《こくさいふんそう》が起こってきたのです。

チョークポイントをおさえる

地球の表面積《ひょうめんせき》の約《やく》7割《わり》は海です。さまざまなものは、船によって海を利用《りよう》して運ばれます。日本も石油や天然《てんねん》ガスなどの資源《しげん》をはじめ、多くのものを海外から海のルートで輸入《ゆにゅう》し、その一方で自動車などの工業製品《せいひん》を輸出《ゆしゅつ》しています。

このような、ものを運ぶための海のルートを「シーレーン（海の交通路）」といいます。シーレーンは、国の経済《けいざい》活動にとってたいへん重要《じゅうよう》なルートです。

シーレーンのうち、多くの船が行き交う場所を、「チョークポイント」といいます。「チョーク」とは、「つまらせる」、「息苦しくさせる」といった意味で、「チョークポイント」とは、そこをおさえられるととても苦しくなる急所のような場所をさします。せまい海峡《かいきょう》や運河《うんが》などは、目的《もくてき》地に船を進めるためには必《かなら》ず通らなければならない場所で、そのような場所が「チョークポイント」にあたります。

日本のシーレーン

日本では、石油や天然《てんねん》ガスなどがほとんどとれず、海外からの輸入《ゆにゅう》にたよっています。石油が多くとれる中東からは、インド洋などを通って石油が日本に運ばれてきます。とちゅう、ホルムズ海峡《かいきょう》は必《かなら》ず通過《つうか》します。また、船が遠回りするのをさけるためには、マラッカ海峡《かいきょう》を通らなければなりません。

朝日新聞社／Cynet Photo

中東から日本まで石油を運ぶタンカー。

anek.soowannaphoom/Shutterstock.com

マラッカ海峡《かいきょう》は、多くの船が行き交う。

世界のチョークポイント

多くのものが運ばれるシーレーンのうち、必《かなら》ず通る場所が約《やく》10か所あります。

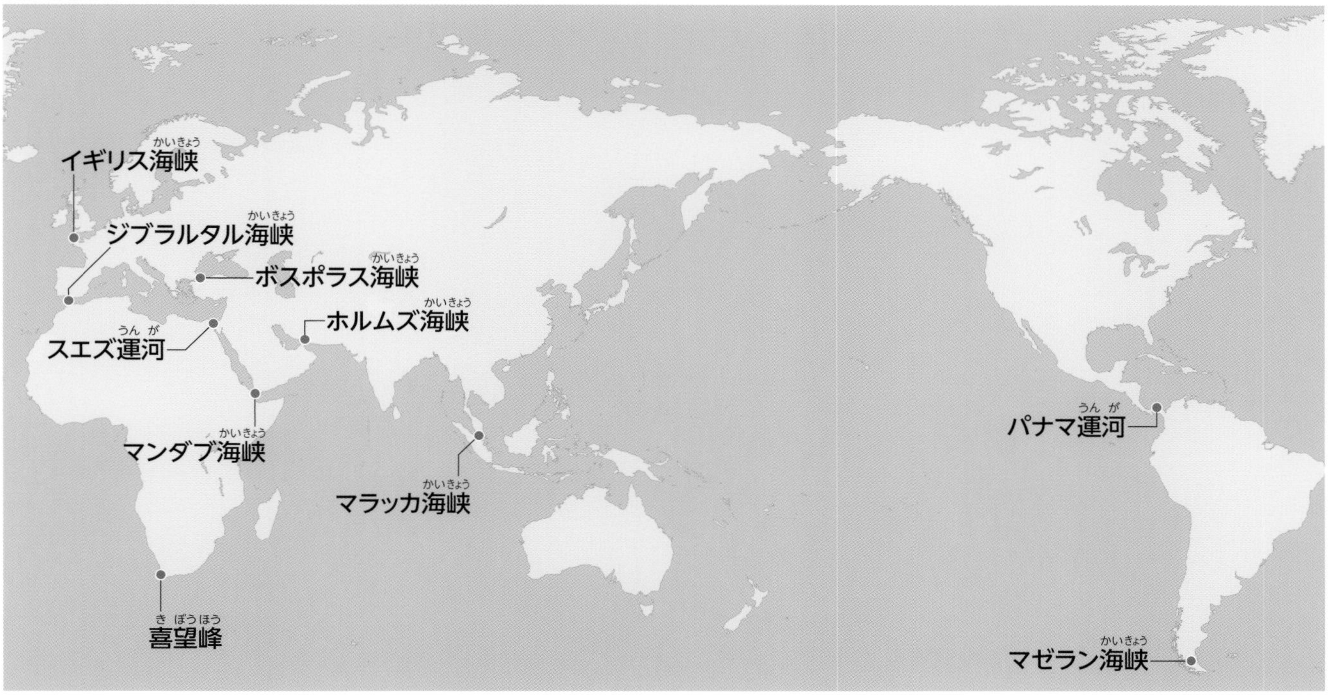

世界には、ヨーロッパとアジアを結《むす》ぶスエズ運河《うんが》、太平洋と大西洋を結《むす》ぶパナマ運河《うんが》のほか、ジブラルタル海峡《かいきょう》、マラッカ海峡《かいきょう》など、10か所ほどのチョークポイントがあります。チョークポイントをおさえ、船の安全な通行に目を光らせることができれば、ものの行き来をコントロールできます。また、敵対《てきたい》国の船を通れなくしてダメージをあたえるなど、大きな影響《えいきょう》力をおよぼすこともできるのです。

ホルムズ海峡《かいきょう》やマラッカ海峡《かいきょう》は、日本にとって重要《じゅうよう》なチョークポイントで、日本船が安全に通行できるよう、周辺《しゅうへん》の国と協力《きょうりょく》しています。

世界一の超《ちょう》大国であるアメリカは、多くのチョークポイントをおさえています。チョークポイントをおさえることで、アメリカは世界最《さい》強《きょう》の地位《ちい》を保《たも》っているといえるでしょう。

チョークポイントでの事故《じこ》が石油の値段《ねだん》を変《か》える

2021年3月、日本のコンテナ船が、スエズ運河《うんが》で事故《じこ》を起こし、運河《うんが》をふさいでしまいました。そのため、数百せきの船が通れなくなり、各地《かくち》の工場での生産《せいさん》がおくれてしまいました。また、石油の輸送《ゆそう》ができなくなったため、その値段《ねだん》が上がりました。

Cynet Photo

スエズ運河《うんが》をふさいだ日本のコンテナ船。

アメリカは巨大《きょだい》な島国

現在《げんざい》、アメリカ合衆国《がっしゅうこく》は、軍事的《ぐんじてき》にも経済的《けいざいてき》にも、世界で最《もっと》も強い力を持っている国で、超《ちょう》大国と呼《よ》ばれます。世界各地《かくち》に軍事《ぐんじ》拠点《きょてん》を置《お》き、世界のどこかで紛争《ふんそう》などが起こっても、いち早く軍隊《ぐんたい》を送ることができます。

アメリカは、「巨大《きょだい》な島」ととらえることができます。アメリカの本土は北アメリカ大陸《たいりく》の多くの部分をしめています。東は大西洋に、西は太平洋に面していることから、ヨーロッパにもアジアにも進出しやすいのです。また、陸《りく》の国境《こっきょう》を接《せっ》しているカナダとメキシコは、軍事《ぐんじ》力でも経済《けいざい》力でもアメリカとは大きな差《さ》があり、国境《こっきょう》をこえて攻《せ》めてこられるおそれはありません。

海にも進出しやすく、他国から攻《せ》められにくいという、地理的《てき》な条件《じょうけん》を備《そな》えていることで、アメリカを“島”とみなすことができます。アメリカは世界最強《さいきょう》のシーパワーの国だといえるのです。

アメリカを中心に見た世界

北アメリカ大陸《たいりく》には、アメリカをおびやかす国はありません。

また、ヨーロッパやアジアの国々とは、海をへだててはなれているので、攻《せ》めこまれる心配はまずありません。

太平洋にも大西洋にも進出しやすい位置《いち》にあります。

アメリカの軍隊《ぐんたい》の兵士《へいし》は、約《やく》138万人です。このうちアメリカ国内にいるのは約《やく》121万人、それ以外《いがい》の場所にいる兵士《へいし》の数は約《やく》18万人です。

アメリカの海外軍事拠点《ぐんじきょてん》は、約《やく》150か国に500以上《いじょう》あるといわれています。日本にも多くのアメリカ軍基地《ぐんきち》があります。太平洋戦争《せんそう》で日本がアメリカやイギリスなどに敗《やぶ》れ、戦後《せんご》はアメリカを中心とする連合《れんごう》国に占領《せんりょう》されました。その後、日本が独立《どくりつ》したときに、日本とアメリカとの取り決め（日米安全保障条約《ほしょうじょうやく》）によって、日本には引き続《つづ》きアメリカ軍《ぐん》がとどまり、アメリカ軍《ぐん》の基地《きち》を設《もう》けることになったのです。

アメリカは、世界各地《かくち》に軍事拠点《ぐんじきょてん》を置《お》くことで、自国に影響《えいきょう》がおよぶような紛争《ふんそう》が起こったときに、軍隊《ぐんたい》を送り、それをおさえこむことができるようにする戦略《せんりゃく》をとっているのです。

アメリカの軍事拠点《ぐんじきょてん》

世界各地《かくち》にアメリカ軍基地《ぐんきち》があります。日本にも、沖縄《おきなわ》県をはじめ、多くの場所にアメリカ軍基地《ぐんきち》があります。

日本にある主なアメリカ軍基地《ぐんきち》

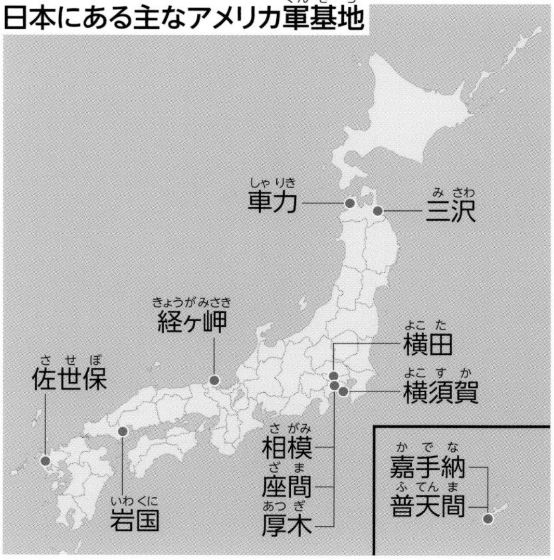

沖縄《おきなわ》県の嘉手納基地《かでなきち》。

アメリカができるまで

15世紀末《せいきまつ》から17世紀《せいき》にかけて、ヨーロッパからアメリカ大陸《たいりく》に大勢《おおぜい》の人がわたっていくようになり、アメリカ大陸《たいりく》はスペインやイギリスなど、ヨーロッパの国々の植民地《しょくみんち》（他国に支配《しはい》される地域《ちいき》）になりました。

18世紀《せいき》、北アメリカ大陸《たいりく》の東部には、イギリスの植民《しょくみん》地《ち》がありました。植民地《しょくみんち》の人々は、この地に新しい理想的《てき》な社会をつくることをめざしてまじめに働《はたら》き、しだいに経済《けいざい》力をつけていきました。18世紀《せいき》後半にイギリス本国が植民地《しょくみんち》に対して自由な貿易《ぼうえき》や工業の発展《はってん》をおさえたり、新しい税《ぜい》を課《か》したりしたことなどをきっかけに独《どく》立戦争《りつせんそう》が起こりました。植民地《しょくみんち》の代表は、1776年にアメリカ独立宣言《どくりつせんげん》を出し、アメリカ合衆国《がっしゅうこく》が誕生《たんじょう》しました。

アメリカは、その後、西部へと進出していきます。スペインなどとの戦争《せんそう》や、内戦《ないせん》（南北戦争《せんそう》）を経《へ》て、1890年ごろまでに太平洋に面する西海岸までの開拓《かいたく》が進みました。また、このころまでに世界一の工業国へと発展《はってん》をとげ、世界の大国のひとつになりました。

Cynet Photo

1776年、アメリカ独《どく》立宣言《りつせんげん》への署名《しょめい》の様子。憲法《けんぽう》が定められ、民主主義《みんしゅしゅぎ》を実現《じつげん》する国家の誕生《たんじょう》となった。

西部開拓《かいたく》の時代

アメリカは、独《どく》立当初《りつとうしょ》13州でしたが、西部への開拓《かいたく》が進み、19世紀《せいき》には領土《りょうど》を広げ、太平洋岸に達《たっ》しました。1869年にはアメリカの東西を結《むす》ぶ大陸横断《たいりくおうだん》鉄道が開通しました。

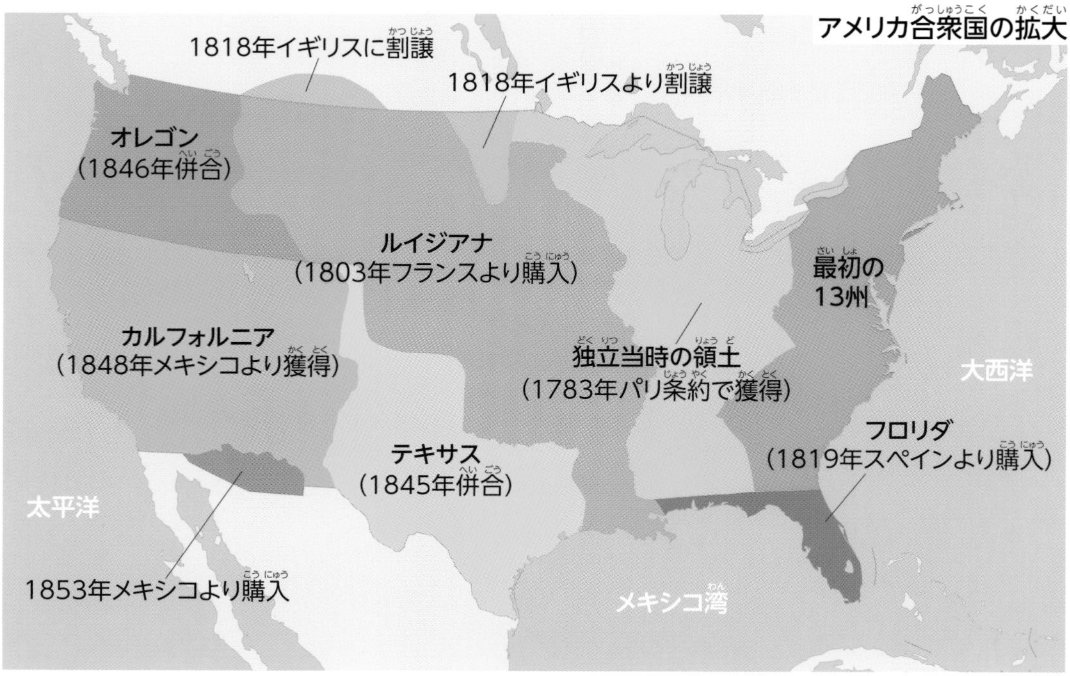

広がるアメリカの領土《りょうど》

19世紀《せいき》後半、ロシアとイギリス・フランス・オスマン帝国《ていこく》の間でクリミア戦争《せんそう》が起こりました。この戦争《せんそう》で財政難《ざいせいなん》になったロシアは、1867年、自国の領土《りょうど》だったアラスカをアメリカに売却《ばいきゃく》しました。その価格《かかく》は720万ドルで、非常《ひじょう》に安いものでした。

アラスカは寒く、利用価値《りようかち》の少ない土地だと考えられていましたが、その後、金鉱《きんこう》や油田などが発見されたことで、アメリカは多くの利益《りえき》を得《え》ました。

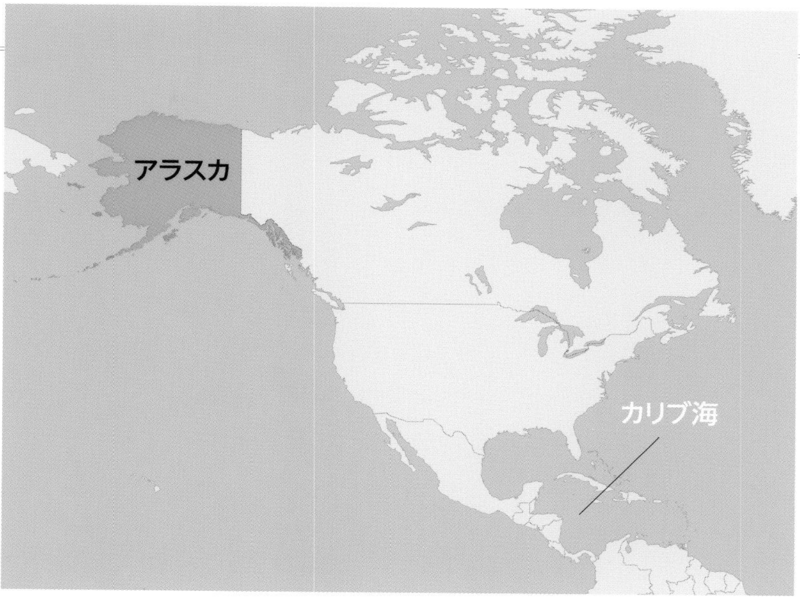

19世紀末《せいきまつ》～20世紀初《せいきはじ》めのカリブ海地域《ちいき》

19世紀末《せいきまつ》から20世紀初《せいきはじ》めにかけて、アメリカは、カリブ海の国々を武力《ぶりょく》で支配《しはい》下に置《お》きました。1901年にアメリカ大統領《だいとうりょう》になったセオドア・ルーズベルトは、1903年にコロンビアからパナマを独立《どくりつ》させ、パナマ運河《うんが》の建設権《けんせつけん》を手にしました。

現在《げんざい》のパナマ運河《うんが》。

19世紀《せいき》の初《はじ》め、ヨーロッパでは、フランスのナポレオンが領土《りょうど》を広げるために各地《かくち》を侵略《しんりゃく》し、イギリスなどとの間で戦争《せんそう》が起こっていました。このときアメリカは、どの国にも味方をせず、中立を保《たも》ちました。その後、ヨーロッパでの戦争《せんそう》が収《おさ》まると、ヨーロッパ諸国《しょこく》は、南アメリカの植民地《しょくみんち》の独立《どくりつ》をはばみ、おさえこもうとしました。

1823年に、アメリカのモンロー大統領《だいとうりょう》は、「アメリカはヨーロッパ諸国《しょこく》に干渉《かんしょう》しない代わりに、ヨーロッパ諸《しょ》国《こく》もアメリカ大陸《たいりく》の植民地《しょくみんち》に干渉《かんしょう》しないでほしい」とする考えを表しました。これは、その後、アメリカの外交の基本的《きほんてき》な方針《ほうしん》になりました。「モンロー主義《しゅぎ》」です。

アメリカは、1867年にアラスカをロシアから買い入れたほか、19世紀末《せいきまつ》から20世紀初《せいきはじ》めにかけて、カリブ海や中央アメリカの国を武力《ぶりょく》で支配《しはい》するなど、領土《りょうど》を広げていきました。

シーパワーの国として発展《はってん》

北アメリカ大陸《たいりく》の西海岸にまで到達《とうたつ》し、カリブ海にも進出したアメリカは、近くの国に攻《せ》められることのない、シーパワーの国へと発展《はってん》しました。同じころ、アメリカは、海のルートを利用《りよう》して太平洋へと進出していきます。太平洋の島々を経《へ》て、中国などアジアの権益《けんえき》を手に入れることが目的《もくてき》でした。1853年には、それまで外国と交流していなかった日本にペリーを送り、翌年《よくねん》に開国させています。また、1820年代からハワイ王国に進出し、1898年に正式にアメリカ領《りょう》にしました。同じ年、スペインとの戦争《せんそう》に勝利《しょうり》し、スペインの植民地《しょくみんち》だったフィリピンとグアム島を自国のものにしました。

開国した後に近代化を進めた日本も、シーパワーの国として力をつけていきました。シーパワーのアメリカと日本は、おたがいに国の勢力《せいりょく》をのばす中で、やがてぶつかることになります。

アメリカの太平洋への進出

アメリカの太平洋への進出は、中国など、アジアの国々へのルートを切り開くためでした。

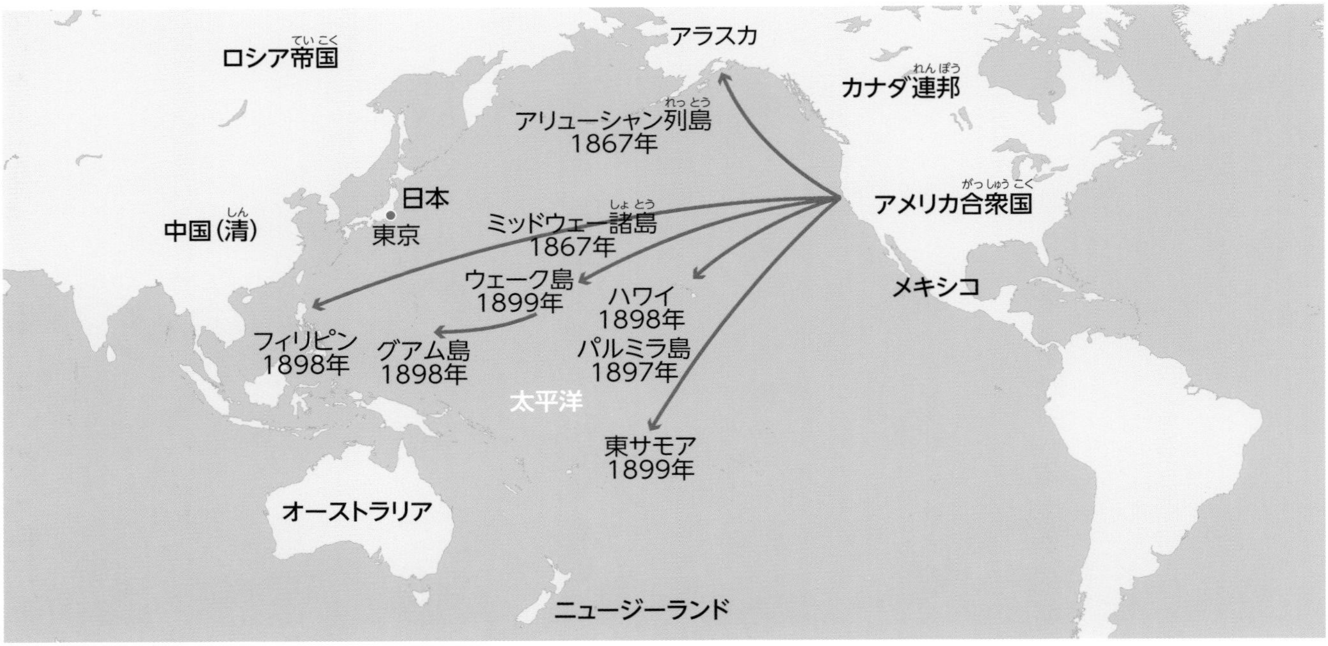

明星大学所蔵

1853年、アメリカのペリーが浦賀《うらが》に来航《らいこう》し、日本に開国をせまった。1854年、江《え》戸幕府《どばくふ》が、アメリカと日米和親条約《じょうやく》を結《むす》んだことで、長い鎖国体制《さこくたいせい》が終わった。

1914年、ヨーロッパの多くの国を巻《ま》きこむ第一次世界大戦《たいせん》が始まり、イギリス・フランス・ロシアなどの連合《れんごう》国とドイツなどの同盟《どうめい》国が戦《たたか》いました。アメリカは、当初《とうしょ》中立を守っていましたが、自国の船がドイツ軍《ぐん》に攻撃《こうげき》されるなどの被害《ひがい》を受けたことで連合《れんごう》国側《がわ》に加《くわ》わりました。ヨーロッパから遠く、戦場《せんじょう》にならなかったアメリカは、産業《さんぎょう》に打撃《だげき》を受けず、大きく経済発展《けいざいはってん》をとげ、繁栄《はんえい》しました。

一方、20世紀初《せいきはじ》めにロシアとの戦争《せんそう》に勝った日本は、朝鮮《ちょうせん》半島を植民地《しょくみんち》とし、1932年には中国東北部に日本の力がおよぶ満州《まんしゅう》国を建国《けんこく》しました。おたがいに国力をのばそうとするアメリカと日本の間で、1941年に太平洋戦争《せんそう》が起こります。日本はハワイの真珠湾《しんじゅわん》を攻撃《こうげき》してアメリカ海軍《かいぐん》に打撃《だげき》をあたえるなど、始まってしばらくは戦争《せんそう》を有利《ゆうり》に進めましたが、圧倒的《あっとうてき》な軍事《ぐんじ》力を持つアメリカに次第におされ、1945年に降伏《こうふく》しました。

太平洋戦争《せんそう》

1937年から中国との間で戦争《せんそう》状態《じょうたい》にあった日本は、さらに1941年、アメリカ・イギリスに宣戦布告《せんせんふこく》しました。日本は開戦《かいせん》を通達《つうたつ》すると同時にハワイの真珠湾《しんじゅわん》を攻撃《こうげき》し、アメリカ軍《ぐん》の戦艦《せんかん》に打撃《だげき》をあたえました。その後、太平洋の島々やアジア各地《かくち》で戦闘《せんとう》がくり広げられ、日本は次第に不利《ふり》な状況《じょうきょう》に追いこまれていきました。

太平洋戦争《せんそう》の主なできごと

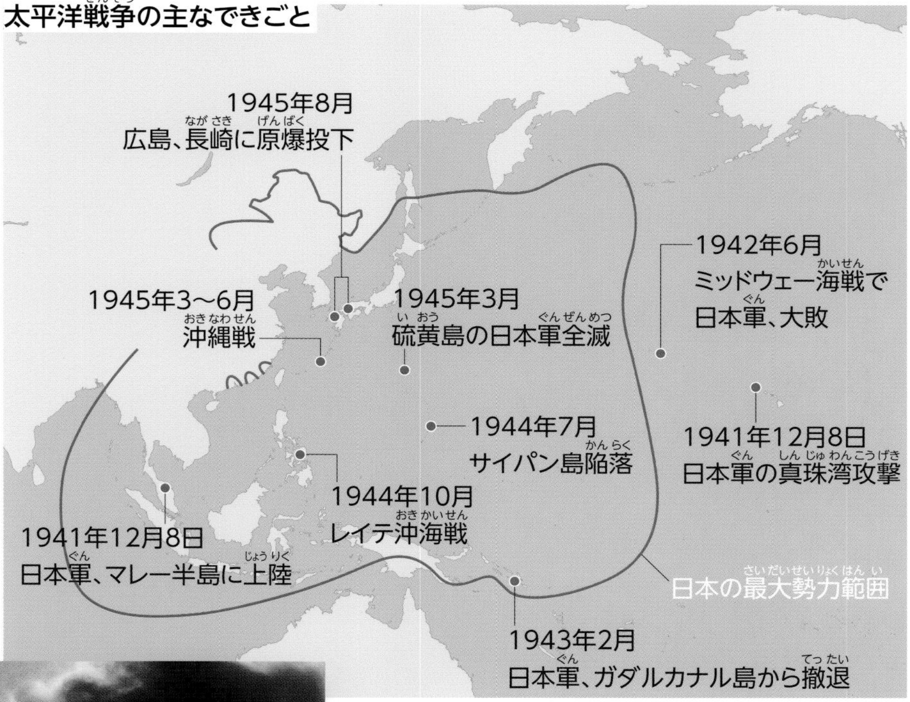

真珠湾《しんじゅわん》を攻撃《こうげき》する日本軍《ぐん》。太平洋戦争《せんそう》では、飛行機《ひこうき》が戦《たたか》いの主力となった。

Cynet Photo

“世界の警察官《けいさつかん》”として

アメリカは、20世紀《せいき》前半に起こった第一次世界大戦《たいせん》、第二次世界大戦《たいせん》のどちらでも、自国の領土《りょうど》への被害《ひがい》がほとんどないまま、戦勝国《せんしょうこく》になりました。第二次世界大戦《たいせん》後、アメリカはソ連《れん》と並《なら》ぶ超《ちょう》大国となり、アメリカを中心とする自由主義《しゅぎ》の国々とソ連《れん》を中心とする社会主義《しゅぎ》の国々との間で対立が起こるようになりました（冷戦《れいせん》）。

アメリカは、ハートランド（→9ページ）であるソ連《れん》が、経済的《けいざいてき》に発展《はってん》しているリムランドに進出することをはばむ戦略《せんりゃく》をとりました。世界のどこかで紛争《ふんそう》が起こると、強い軍事《ぐんじ》力でそれをおさえ、ソ連《れん》が介入《かいにゅう》することを阻止《そし》しようとしたのです。国際《こくさい》社会での争《あらそ》いをとりしまるような役割《やくわり》をしていたことから、アメリカは“世界の警《けい》察官《さつかん》”であると自他ともに認《みと》めていました。その戦略《せんりゃく》によって、ソ連《れん》を中心とする国々が勢力《せいりょく》をのばすことを防《ふせ》ぎ、自国がおびやかされないようにしていたのです。

アメリカが関《かか》わった主な紛争《ふんそう》

第二次世界大戦《たいせん》後、アメリカはさまざまな紛争《ふんそう》に関《かか》わってきました。圧倒的《あっとうてき》な軍事《ぐんじ》力と経済《けいざい》力を持っていたからこそ、それができました。

1991年にソ連《れん》が解体《かいたい》するまでの紛争《ふんそう》の多くは、アメリカを中心とする国々とソ連《れん》を中心とする国々の対立を反映《はんえい》するものでした。

ベトナム戦争《せんそう》でのアメリカ兵士《へいし》。

Cynet Photo

アメリカは、自らを世界の警察官《けいさつかん》とみなして、自由主義《しゅぎ》の国々に影響《えいきょう》がおよぶような紛《ふん》争《そう》に積極的《せっきょくてき》に関《かか》わってきました。

1950年の朝鮮戦争《ちょうせんせんそう》では、中国とソ連《れん》に支援《しえん》された北《きた》朝鮮《ちょうせん》（朝鮮民主主義人民共和国《ちょうせんみんしゅしゅぎじんみんきょうわこく》）が韓国《かんこく》に攻《せ》めこむと、国連軍《こくれんぐん》の中心として戦《たたか》い、北朝鮮《きたちょうせん》を退《しりぞ》けました。

ベトナム戦争《せんそう》では、資本主義《しほんしゅぎ》の南ベトナムを支援《しえん》しましたが、北側《きたがわ》の激《はげ》しい抵抗《ていこう》により戦争《せんそう》が長期化し、国内からも戦争《せんそう》反対の動きが出てきたため、兵《へい》を引きました。

1991年にソ連《れん》が解体《かいたい》し、冷戦《れいせん》は終わりましたが、アメリカをおびやかす勢力《せいりょく》はいなくなりませんでした。テロや独裁《どくさい》者の国などとの対立が新しい問題となりました。アメリカは、これらの問題にも介入《かいにゅう》しますが、思うような結果《けっか》を得《え》られないこともありました。

2013年、オバマ大統領《だいとうりょう》は、「アメリカは世界の警察官《けいさつかん》ではない」と宣言《せんげん》し、ほかの国とともに協力《きょうりょく》して国際紛《こくさいふん》争《そう》を解決《かいけつ》していくという方針《ほうしん》を打ち出しました。アメリカのその姿勢《しせい》は現在《げんざい》まで受けつがれています。

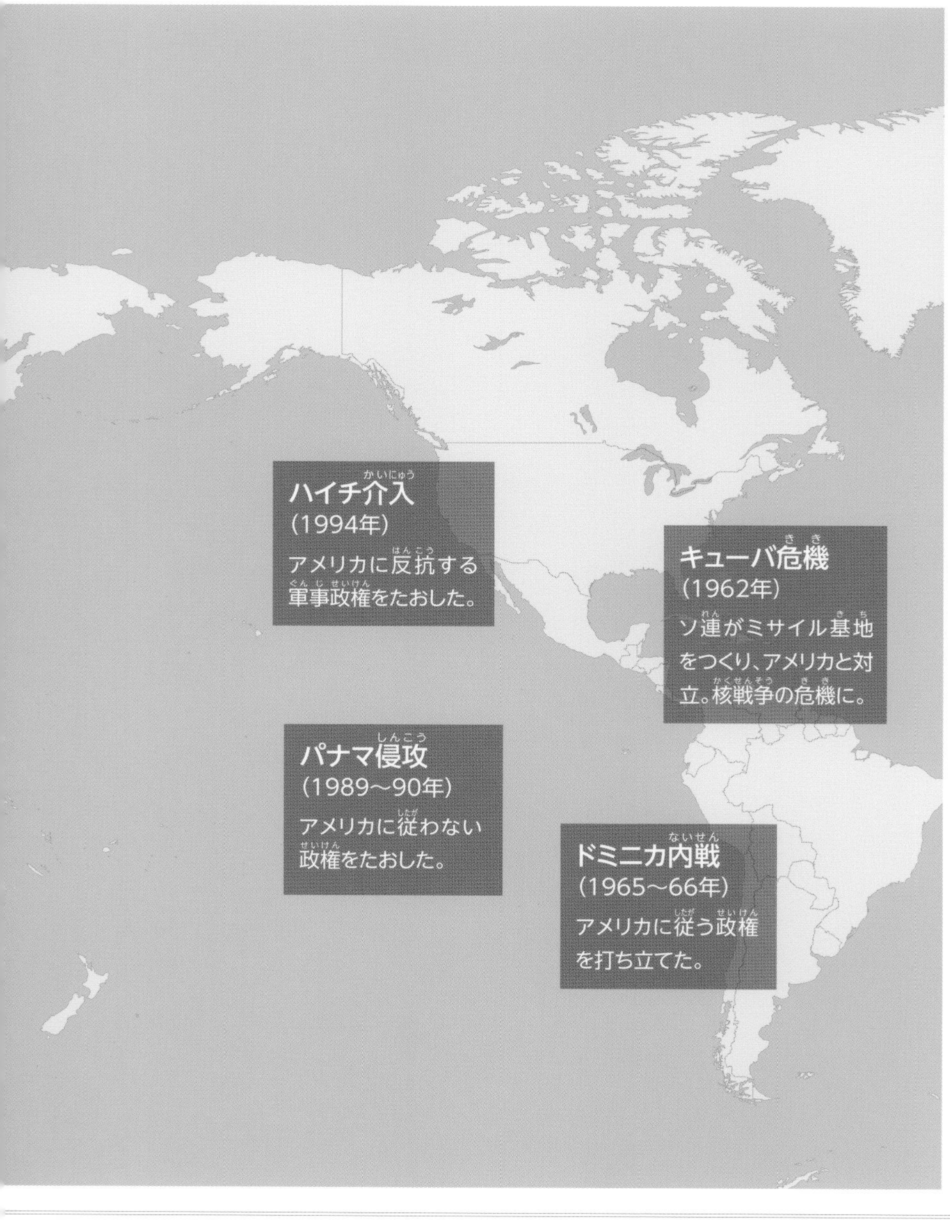

Cynet Photo

キューバに配備《はいび》されたソ連製《れんせい》のミサイル。

現代《げんだい》のアメリカ

アメリカは、世界一の超《ちょう》大国として、各地《かくち》でのバランス・オブ・パワー（→7ページ）が保《たも》たれるような戦略《せんりゃく》をとっています。自国をおびやかすような国が現《あらわ》れたら、他国と協力《きょうりょく》してその力をおさえる戦略《せんりゃく》です。

1990年代から急激《きゅうげき》な経済発展《けいざいはってん》をとげてきた中国は、アジア地域《ちいき》でアメリカをおびやかす存在《そんざい》になっています。ランドパワーの国である中国は、アメリカに次ぐ経済《けいざい》大国であり、貿易《ぼうえき》をめぐってもアメリカと対立しています。また、中国は海をおさえてシーパワーの国になることもめざしており、インド洋や太平洋へも進出しつつあります。

そこで、アメリカは、日本、オーストラリア、インドといったシーパワーの国々と協力《きょうりょく》して、「自由で開かれたインド太平洋構想《こうそう》」を進め、太平洋やインド洋での貿易《ぼうえき》ルートや国際法《こくさいほう》を守り、中国の進出をおさえこもうとしています。

自由で開かれたインド太平洋構想《こうそう》

中国による、アジアとヨーロッパを結《むす》ぶ陸上《りくじょう》ルートと海上ルートを活用して貿易《ぼうえき》をさらに盛《さか》んにしようとする戦略《せんりゃく》（一《いっ》帯一路構想《たいいちろこうそう》）に対抗《たいこう》するものです。

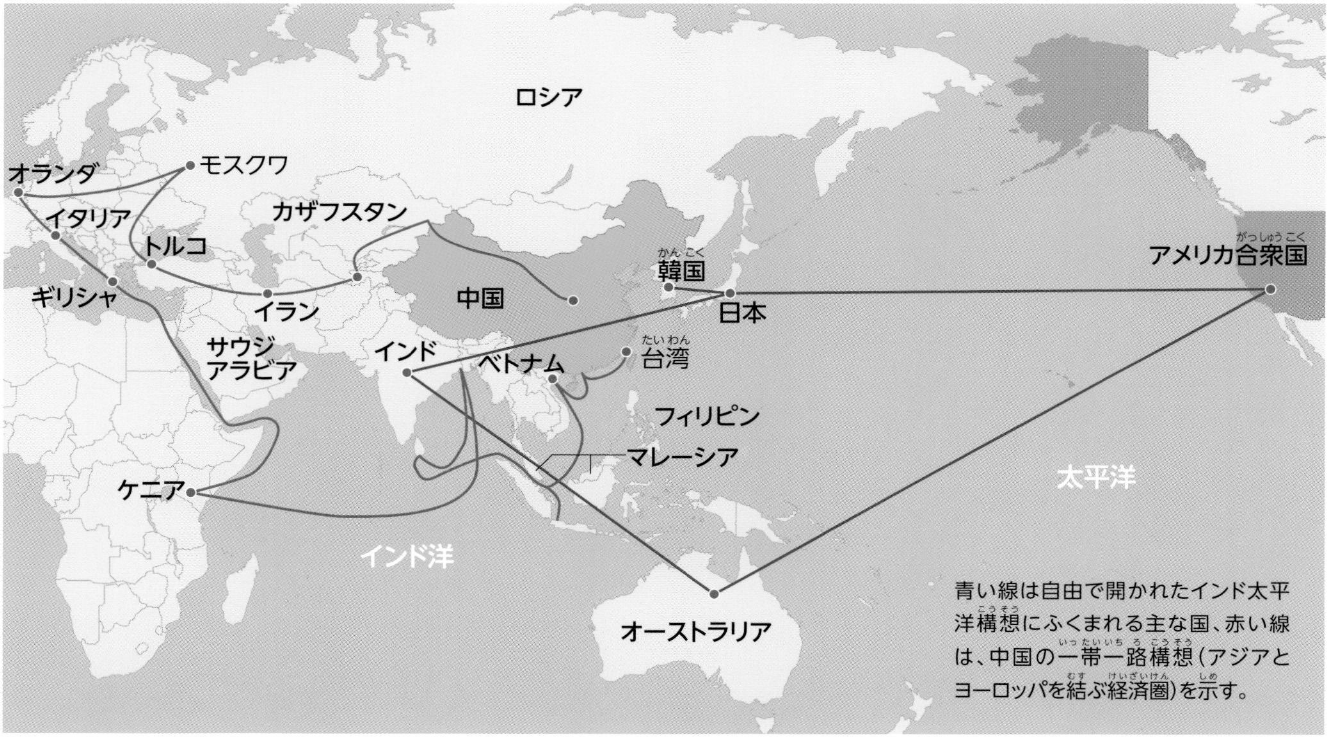

青い線は自由で開かれたインド太平洋構想《こうそう》にふくまれる主な国、赤い線は、中国の一帯一路構想《いったいいちろこうそう》（アジアとヨーロッパを結《むす》ぶ経済圏《けいざいけん》）を示《しめ》す。

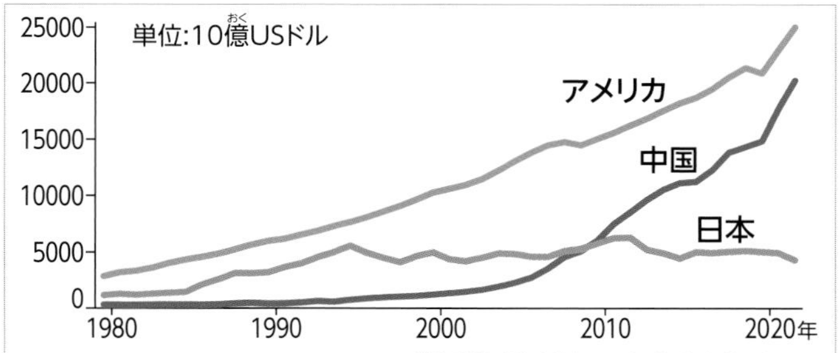

出典:IMF - World Economic Outlook Databases

アメリカ、中国、日本の名目GDP（国内総生産《そうせいさん》）

中国の経済《けいざい》は急速に発展《はってん》している。2010年にGDP（国内総生産《そうせいさん》）で日本をぬいて世界第2位《い》になった。いずれアメリカをぬいて世界一になると予想されている。

アメリカのイラン包囲戦略《ほういせんりゃく》

イランの周辺《しゅうへん》の国にアメリカ軍《ぐん》を置《お》き、イランを包囲《ほうい》しています。下の数字は、各国《かっこく》のアメリカ軍《ぐん》の人数を表します。

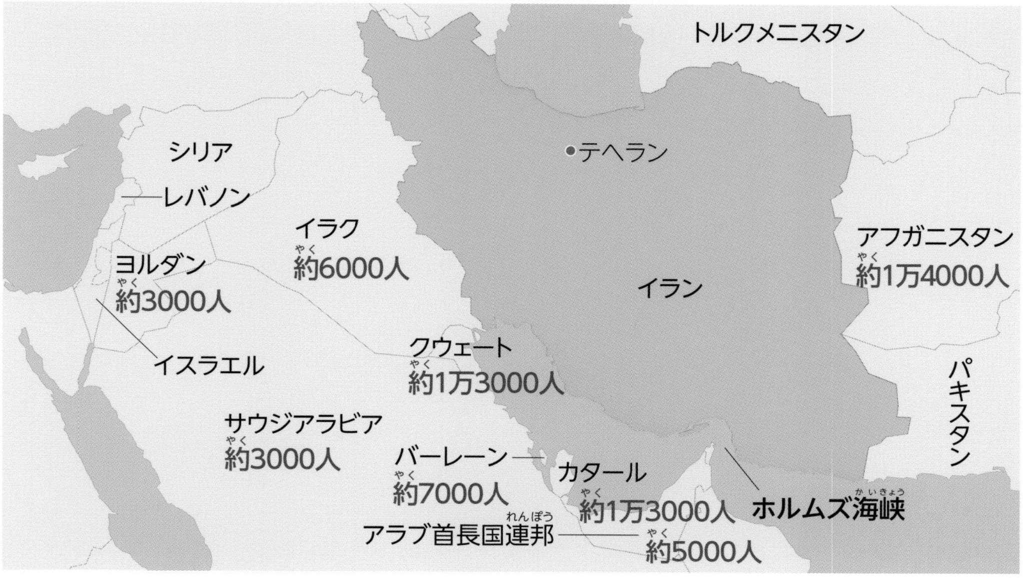

イランは、母国語としてペルシャ語が使われていることから、アラビア語が使われるアラブ諸国《しょこく》にはふくまれない。また、イスラム教の国だが、少数派《は》のシーア派《は》で、サウジアラビアなど、多数派《は》のスンニ派《は》の国とは対立している。

緊張《きんちょう》のホルムズ海峡《かいきょう》

イランの南のホルムズ海峡《かいきょう》は、重要《じゅうよう》なチョークポイント（→11ページ）です。イランと、アメリカやサウジアラビアなどとの対立が強まると、ここを通るタンカーが攻撃《こうげき》されたり、海峡《かいきょう》の通行ができなくなったりすることがあります。2019年には、日本と台湾《たいわん》のタンカーが何者かに攻撃《こうげき》されています。国際的《こくさいてき》な緊張《きんちょう》が、私《わたし》たちの暮《く》らしに関《かか》わっているのです。

AP/アフロ

ホルムズ海峡《かいきょう》で攻撃《こうげき》され、けむりを上げるタンカー。

中東は、イスラエルとアラブ国家の対立を軸《じく》として、さまざまな紛争《ふんそう》が起こっている地域《ちいき》です。また、石油が多く出ることからエネルギーの点でも重要《じゅうよう》です。

中東の国の中で、アメリカと最《もっと》も仲《なか》が悪いのはイランです。イランでは、1979年に革命《かくめい》が起こり、アメリカ寄《よ》りだった国王の政権《せいけん》がたおれました。2002年には、それまで核兵器《かくへいき》を持っていなかったイランが、核兵器《かくへいき》を開発していることがわかりました。2015年にイランは核兵器《かくへいき》開発を縮小《しゅくしょう》することに合意しましたが、その後もアメリカとの仲《なか》は悪いままです。

アメリカは、イランの周辺国《しゅうへんこく》でアメリカと仲《なか》のよいサウジアラビアなどと協力《きょうりょく》し、そのほかの国にも軍《ぐん》を置《お》くなど、イランを封《ふう》じこめようとしています。産油国《さんゆこく》イランとアメリカとの間で紛争《ふんそう》が起これば、中東から石油を輸《ゆ》入《にゅう》している日本にも大きな影響《えいきょう》がおよぶでしょう。

ロシアのウクライナ侵攻《しんこう》

世界最大《さいだい》の領土《りょうど》をほこるロシアは、ユーラシア大陸《たいりく》の中央部に位置《いち》する代表的《てき》なランドパワーの国です。

2022年2月24日、ロシアは、おとなりの国であるウクライナに攻《せ》めこみ、世界をゆるがせる大変《たいへん》な事態《じたい》になりました。ロシアは、軍隊《ぐんたい》を送り、ミサイルを打ちこむなどして、ウクライナの町を破壊《はかい》し、多くの犠牲《ぎせい》者を出しました。

ロシアは、一時はウクライナの首都キーウの近くまで攻《せ》めこみました。その後、ウクライナの東部と南部を占領《せんりょう》し、ロシアの領土《りょうど》に組み入れると宣言《せんげん》しました。

ウクライナ政府《せいふ》は、ロシアの侵攻《しんこう》に対して反発し、徹底的《てっていてき》に戦《たたか》う姿勢《しせい》を見せています。また、日本をふくむ国際《こくさい》社会の多くの国々は、ロシアの侵攻《しんこう》を非難《ひなん》し、ウクライナを支援《しえん》することを表明しています。

ロシアとウクライナの位置《いち》

ロシアは、ユーラシア大陸《たいりく》に広い領土《りょうど》を持つ国です。面積《めんせき》は世界一で、日本の約《やく》45倍です。ウクライナは、ロシアの南西に接《せっ》する国で、面積《めんせき》は日本の約《やく》1.6倍です。

ウクライナは、他のヨーロッパの国々と接《せっ》しており、南には黒海《こっかい》が広がります。

ロシアとウクライナの歴史的《れきしてき》な関係《かんけい》

ロシアとウクライナは、同じ国になったり、別《べつ》の国になったりしてきました。

年代	できごと
9世紀《せいき》	現在《げんざい》のウクライナにキエフ公国ができる。
1240年	モンゴル軍《ぐん》がキエフ公国に攻《せ》め入《い》り、キエフ公国が滅亡《めつぼう》する。
14〜16世紀《せいき》	ウクライナがポーランドやリトアニアの領土《りょうど》になる。
17〜19世紀《せいき》	ウクライナがロシアの領土《りょうど》になる。
1922年	ソビエト社会主義共和国連邦《しゅぎきょうわこくれんぽう》ができる。ウクライナ社会主義共《しゅぎきょう》和国《わこく》が、ソ連《れん》の一員になる。
1991年	ソビエト社会主義共和国連邦《しゅぎきょうわこくれんぽう》が解体《かいたい》し、ウクライナが独立《どくりつ》する。
2014年	ウクライナで、アメリカなどに親近感を持つ政権《せいけん》が誕生《たんじょう》する。
	ロシアがクリミア半島を領土《りょうど》にする。
2022年	ロシアがウクライナに侵攻《しんこう》する。

Cynet Photo

戦車《せんしゃ》でウクライナに攻《せ》めこむロシア軍《ぐん》。

Cynet Photo

破壊《はかい》されたウクライナの町。

ロシアとウクライナには、共通《きょうつう》する文化が多く、経済的《けいざいてき》にも強い結《むす》びつきがありました。ウクライナの公用語はウクライナ語ですが、ロシア語を話せる人もたくさんいます。東部や南部の地域《ちいき》にはロシア系《けい》の人も多く暮《く》らし、ロシアに親近感を持つ人もいます。

歴史的《れきしてき》には1917年にロシア革命《かくめい》が起こり、1922年にソビエト社会主義共和国連邦《しゅぎきょうわこくれんぽう》（ソ連《れん》）ができると、ロシアもウクライナもその一員となりました。その後、1991年にソ連《れん》が解体《かいたい》すると、ウクライナは独立《どくりつ》国になりました。

2014年、ウクライナに、アメリカやヨーロッパの国々と仲《なか》よくしていこうとする政権《せいけん》ができると、ロシアはウクライナ南部のクリミア半島を一方的《てき》にロシアの領土《りょうど》に組み入れました。

2022年のロシアのウクライナへの侵攻《しんこう》は、ロシアの過《か》去《こ》からの戦略《せんりゃく》や、国際関係《こくさいかんけい》の移《うつ》り変《か》わりに関係《かんけい》があります。次に、地政学《ちせいがく》をふまえたロシアの歴史《れきし》をさかのぼって見ていくことにしましょう。

ロシアの南下政策《せいさく》

ロシアの起源《きげん》になった国は、9世紀《せいき》に、現《げん》在《ざい》のウクライナにおこったキエフ公国でしたが、13世紀《せいき》にモンゴル帝国《ていこく》にほろぼされます。14世紀《せいき》には、モスクワ大公国が勢力《せいりょく》をのばし、17世《せい》紀初《きはじ》めにミハイル・ロマノフが皇帝《こうてい》となって後のロシア帝《てい》国《こく》のもととなります。17世紀《せいき》半ばには太平洋にまで領土《りょうど》を拡大《かくだい》、18世紀初《せいきはじ》めにロシア帝国《ていこく》ができます。

ロシアは、ユーラシア大陸《たいりく》の中央部の「ハートランド」と呼《よ》ばれる地域《ちいき》に位置《いち》します（→9ページ）。ロシアは、領土《りょうど》の大部分が寒冷《かんれい》な土地で、海に面していても冬にはこおってしまうため、昔から冬でもこおらない港「不凍《ふとう》港《こう》」を求《もと》めて南へ進出する戦略《せんりゃく》をとってきました。

南下ルートは5つありますが、他国の領土《りょうど》とぶつかりあうため、簡単《かんたん》には実現《じつげん》できませんでした。また、ロシアが強大になることをおそれるイギリスなどヨーロッパの国々におさえこまれることもありました。

南への進出をめざしたロシア

ロシアは、不凍港《ふとうこう》を確保《かくほ》するため、南下政策《せいさく》をとりました。そのルートは5つありました。

1 バルト海ルート

ヨーロッパ大陸《たいりく》とスカンジナビア半島に囲《かこ》まれたバルト海を通って、西ヨーロッパにいたるルート。

2 ヨーロッパ陸《りく》ルート

ベラルーシ、ポーランドを通ってドイツにぬけるルート。

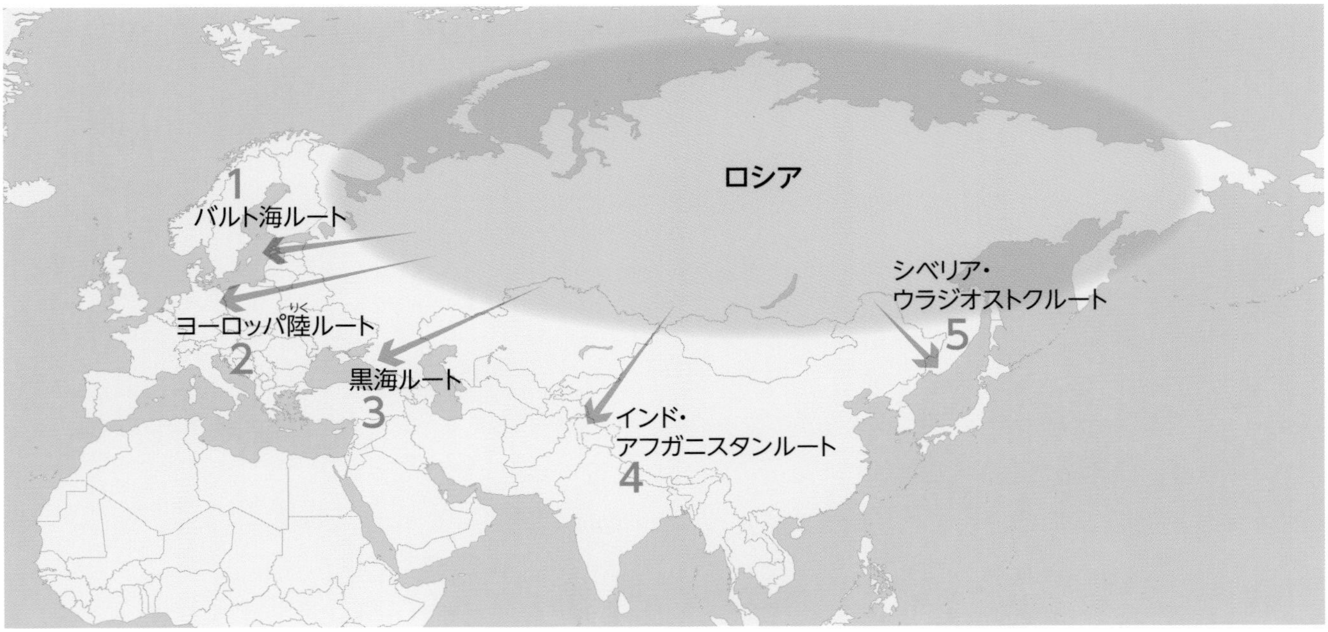

3 黒海《こっかい》ルート

黒海《こっかい》からボスポラス海峡《かいきょう》をぬけるルート。オスマン帝《てい》国《こく》とぶつかることになった。

4 インド・アフガニスタンルート

アフガニスタンを経《へ》て、インド洋にぬけるルート。インドを植民地《しょくみんち》にしていたイギリスとぶつかることになった。

5 シベリア・ウラジオストクルート

シベリアからアジアにいたり、太平洋にぬけるルート。朝鮮《ちょうせん》半島の権益《けんえき》をめぐり、日本とぶつかることになった。

一方、アジアやヨーロッパと陸続《りくつづ》きで、多くの国と国境《こっきょう》を接《せっ》しているロシアは、つねに他国から攻《せ》めこまれるかもしれないという不安をいだいていました。

19世紀《せいき》の初《はじ》めには、フランスのナポレオンがロシアに攻《せ》めこみ、モスクワを制圧《せいあつ》しましたが、ロシアの冬の寒さのため、撤退《てったい》しました。20世紀初《せいきはじ》めには、日本との日露戦争《にちろせんそう》で、朝鮮《ちょうせん》半島や中国東北部（満州《まんしゅう》）への進出をはばまれました。第一次世界大戦《たいせん》では、敵国《てきこく》であるドイツ軍《ぐん》に攻《せ》めこまれ、冬の寒さのために長期戦《せん》になりました。この戦争《せんそう》のさなかに、国内でロシア革命《かくめい》が起こり、ソ連《れん》ができました。第二次世界大戦《たいせん》でもソ連《れん》はドイツ軍《ぐん》に攻《せ》められ、多数の犠牲《ぎせい》者を出しました。

このように、ロシア（ソ連《れん》）は、他国から攻撃《こうげき》を受けることが多かったため、敵対《てきたい》する国とは国境《こっきょう》を接《せっ》しないようにする戦略《せんりゃく》がとられました。

ロシアの戦争《せんそう》の歴史《れきし》

ロシアは、歴史《れきし》上たびたび他国に攻《せ》めこまれてきました。
広い領土《りょうど》を他国の侵略《しんりゃく》から守ることは、難《むずか》しいことなのです。

ナポレオンの侵攻《しんこう》

日露戦争《にちろせんそう》

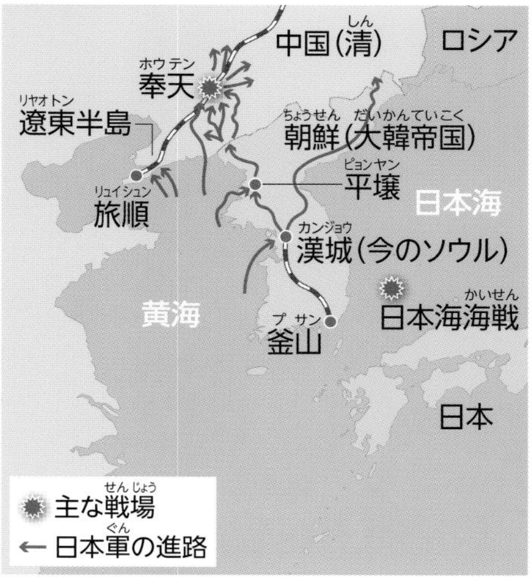

第一次世界大戦《たいせん》

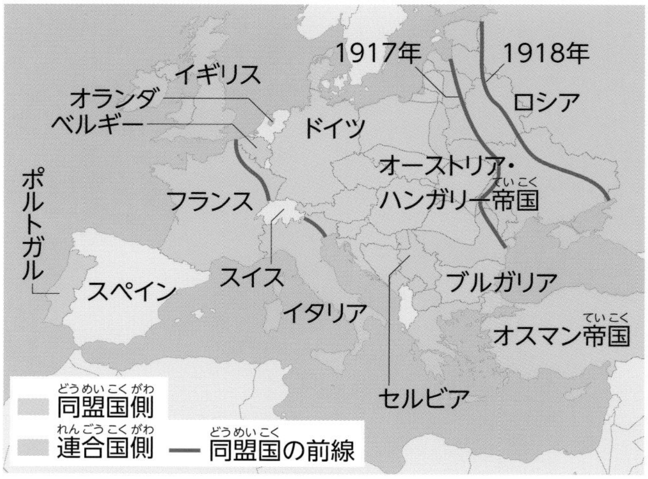

第二次世界大戦《たいせん》

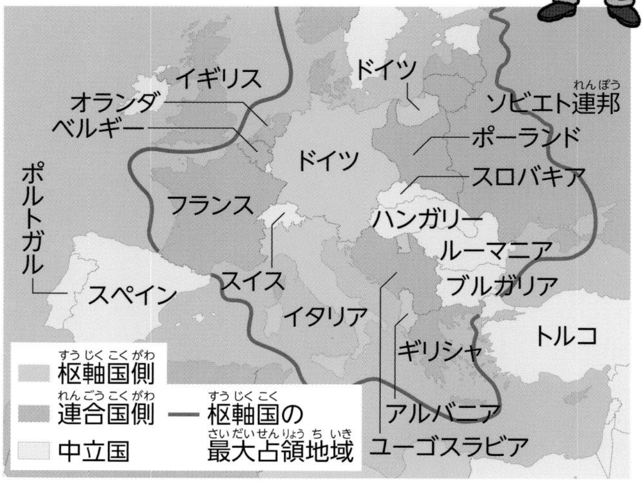

第二次世界大戦《たいせん》後のソ連《れん》

第二次世界大戦《たいせん》後、世界は、アメリカを中心とする資本主義諸国《しほんしゅぎしょこく》と、ソ連《れん》を中心とする社会主義諸国《しゅぎしょこく》が対立するようになりました。この対立は、戦争《せんそう》にこそならなかったものの、戦争《せんそう》のような状態《じょうたい》だったことから「冷戦《れいせん》」と呼《よ》ばれました。

ヨーロッパでは、西側《にしがわ》の国々が資本主義諸国《しほんしゅぎしょこく》、東側《ひがしがわ》の国々が社会主義諸国《しゅぎしょこく》に分かれていました。これらの国々は、おたがいに結束《けっそく》して相手から攻《せ》めこまれないようにするため、同盟《どうめい》を結《むす》びました。

1949年、西側《にしがわ》の国々がNATO《ナトー》（北大西洋条約機構《じょうやくきこう》）を結成《けっせい》すると、1955年、東側《ひがしがわ》の国々は、ワルシャワ条約機《じょうやくき》構《こう》を結成《けっせい》して対抗《たいこう》しました。ソ連《れん》は、東ヨーロッパの国々を同盟《どうめい》国とすることで、敵対《てきたい》する勢力《せいりょく》と国境《こっきょう》をはさんでとなり合うことなく、たとえ西側《にしがわ》が武力《ぶりょく》をもちいたとしても簡単《かんたん》には自国に攻《せ》めこまれることがないような戦略《せんりゃく》をとったのです。

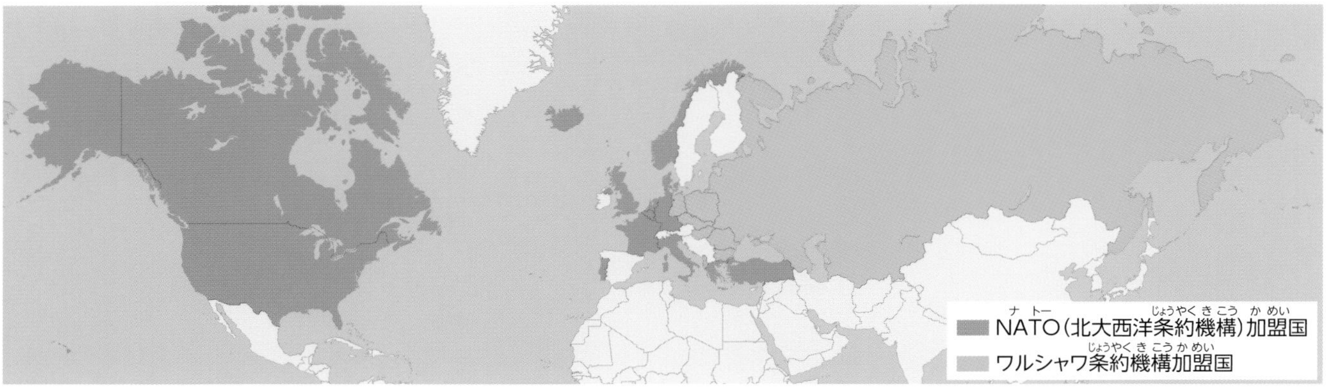

冷戦《れいせん》時代の世界

アメリカを中心とする国々は西側《にしがわ》、ソ連《れん》を中心とする国々は東側《ひがしがわ》と呼《よ》ばれ、第二次世界大戦《たいせん》以降《いこう》、長く東西の冷戦状態《れいせんじょうたい》が続《つづ》きました。

アメリカのほか、イギリス、フランス、イタリアなどの西側《にしがわ》諸国《しょこく》は、NATO《ナトー》（北大西洋条《じょう》約機構《やくきこう》）を結成《けっせい》し、後にギリシャやトルコなど、地理的《てき》にソ連《れん》に近い国も加《くわ》わりました。

ソ連《れん》は、東ヨーロッパのポーランド、ルーマニア、ハンガリーなどを武力《ぶりょく》でおさえつけて同盟《どうめい》国としました。これらの国々は、ソ連《れん》につき従《したが》うという意味で衛星《えいせい》国と呼《よ》ばれました。

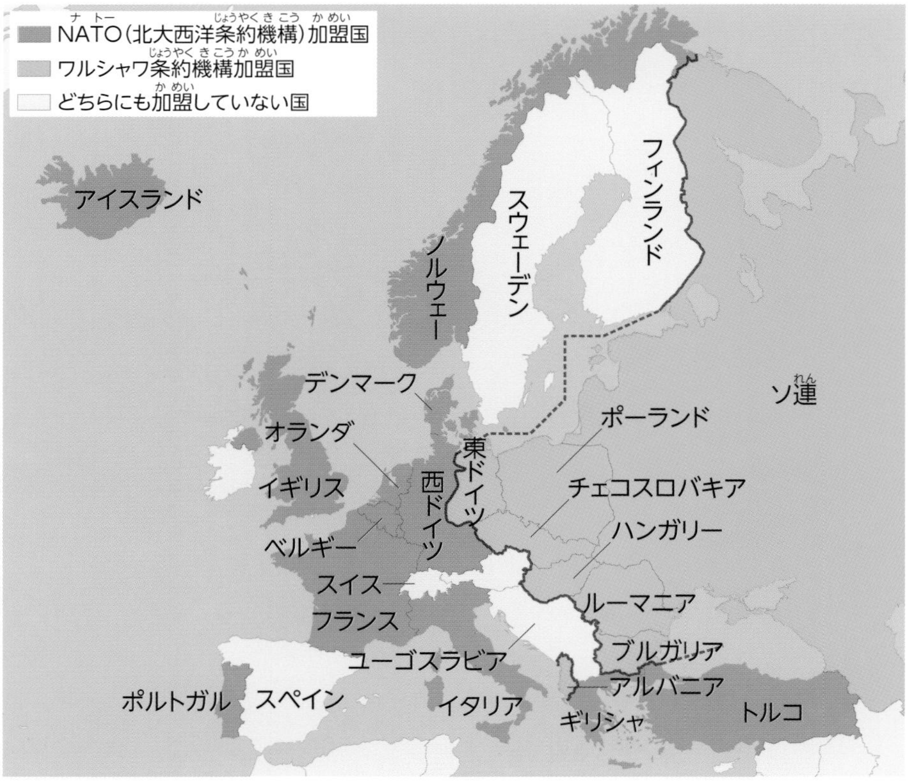

第二次世界大戦《たいせん》直後に始まった冷戦《れいせん》の時代は、1990年代初《はじ》めまで続《つづ》きました。

1970年代末《まつ》にソ連《れん》がアフガニスタンに侵《しん》攻《こう》したことは、その後のソ連《れん》の国力を弱めることになりました。1979年、アフガニスタンにソ連寄《れんよ》りの政権《せいけん》が誕生《たんじょう》したものの、反政府《はんせいふ》運動が激《はげ》しくなったため、それをおさえる目的《もくてき》でソ連軍《れんぐん》がアフガニスタンに侵攻《しんこう》したのです。しかし、反政府軍《はんせいふぐん》をおさえこむことはできず、10年もの間内戦状態《ないせんじょうたい》が続《つづ》きました。ソ連《れん》は莫大《ばくだい》な費用《ひよう》を使いましたが、ついにアフガニスタンから撤退《てったい》します。

1980年代には、ソ連《れん》国内や東ヨーロッパの国々でさまざまな問題が起こり、社会主義《しゅぎ》体制《たいせい》への批判《ひはん》が高まり、やがてソ連《れん》の解体《かいたい》へとつながっていきました。

1985年にソ連《れん》の指導《しどう》者になったゴルバチョフは、西側《にしがわ》諸国《しょこく》との協力《きょうりょく》を進め、1989年にアメリカのブッシュ大統《だいとう》領《りょう》とともに冷戦《れいせん》の終結《しゅうけつ》を宣言《せんげん》しました。

ソ連《れん》のアフガニスタン侵攻《しんこう》

ソ連《れん》によるアフガニスタン侵攻《しんこう》は失敗《しっぱい》に終わり、その結果《けっか》、国の力を弱めることになりました。

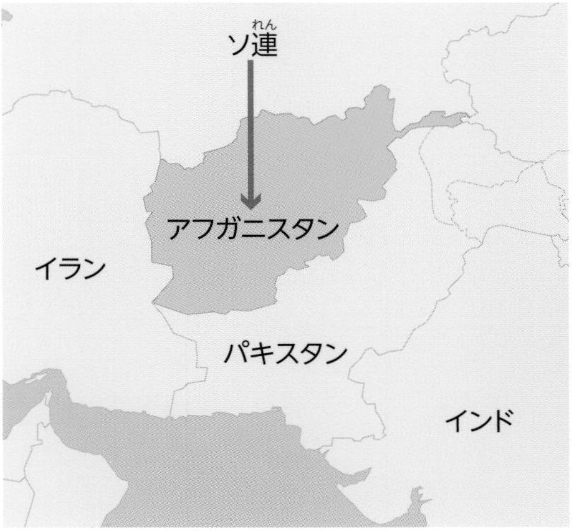

Cynet Photo

アフガニスタンに侵攻《しんこう》するソ連軍《れんぐん》。

冷戦《れいせん》の終わりとソ連《れん》の解体《かいたい》

1989年、アメリカのブッシュ大統領《だいとうりょう》とソ連《れん》のゴルバチョフ書記長が、ヨーロッパのマルタで会談し、東西冷戦《れいせん》の終結《しゅうけつ》を宣言《せんげん》しました。

この後、ソ連《れん》は解体《かいたい》し、ロシアをはじめとする15の国に分かれました。ウクライナは、このときに独立《どくりつ》した国のひとつです。

冷戦終結《れいせんしゅうけつ》後のソ連《れん》

冷戦《れいせん》が終わると、ロシアは、社会主義《しゅぎ》国家から資本主義《しほんしゅぎ》国家に変《か》わりました。新しくロシアの大統領《だいとうりょう》になったエリツィンは、ロシアに資本主義《しほんしゅぎ》を導入《どうにゅう》して豊《ゆた》かな国にしようとしましたが、経済《けいざい》が混乱《こんらん》して失敗《しっぱい》します。

2000年に大統領《だいとうりょう》になったプーチンは、弱体化したロシアを立て直す政策《せいさく》を取りました。ロシアでは、エネルギーのもとになる資源《しげん》が豊富《ほうふ》にとれることから、エネルギー関係《かんけい》の企業《きぎょう》を国有化し、エネルギーを他国に輸出《ゆしゅつ》する国としてロシアの地位《ちい》を高めるとともに、世界最大《さいだい》の領土《りょうど》を持つ国である利点《りてん》を生かし、世界にあたえる影響《えいきょう》力を強くしようとしました。また、ロシアの国力を引き上げようとする一方で、ソ連《れん》が解体《かいたい》したときに失《うしな》った領土《りょうど》を取りもどそうともしています。もともとソ連《れん》のものだった領土《りょうど》をロシアが取りもどすことは、侵略《しんりゃく》にあたらないという考えのようなのです。

ロシアのエネルギー

ロシアは、世界有数のエネルギー生産《せいさん》国です。とくに、天然《てんねん》ガスは地上や地下を通るパイプラインを通じてヨーロッパの各国《かっこく》に送られています。

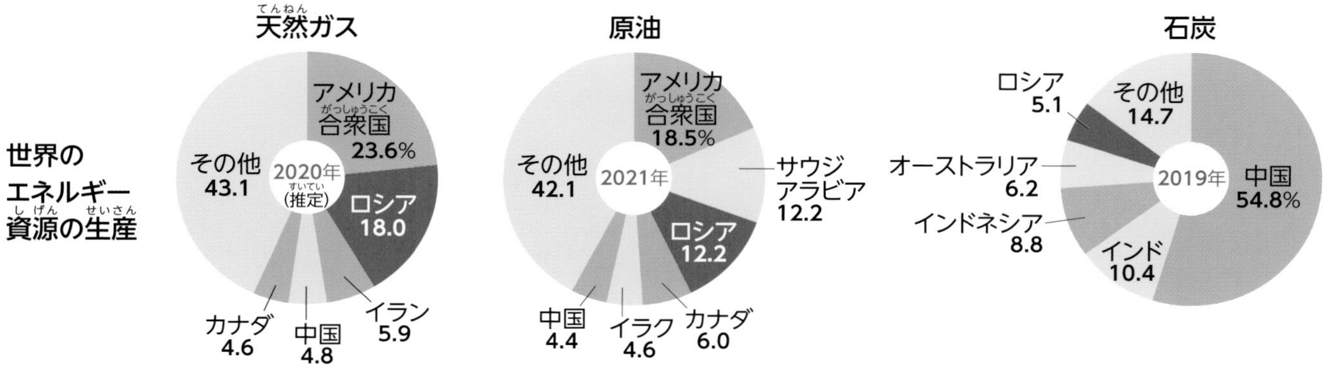

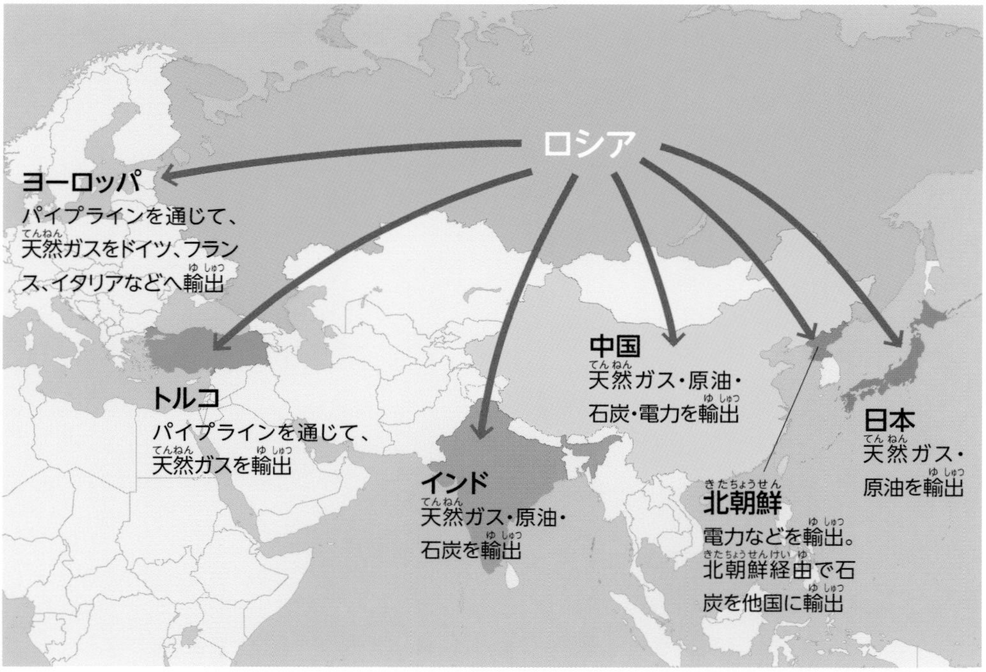

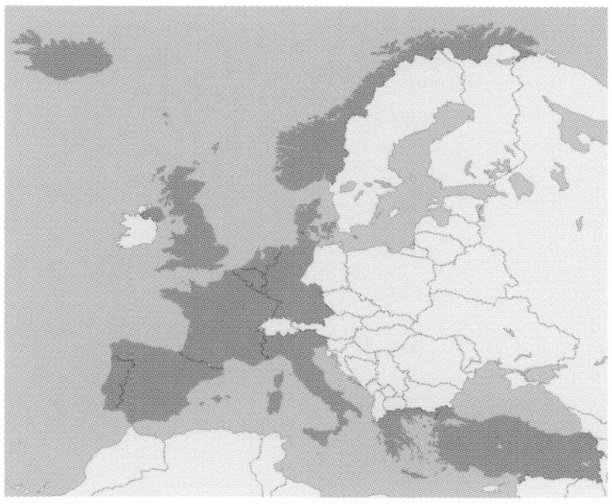

1982年

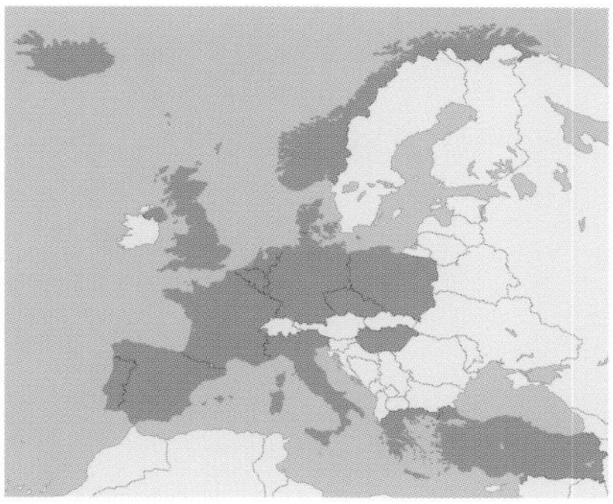

1999年

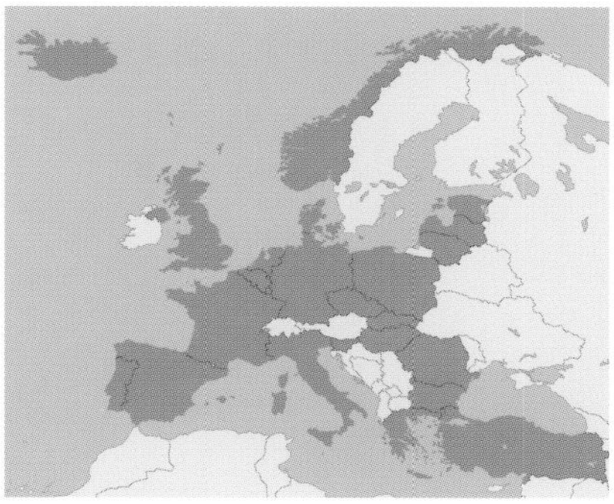

2004年

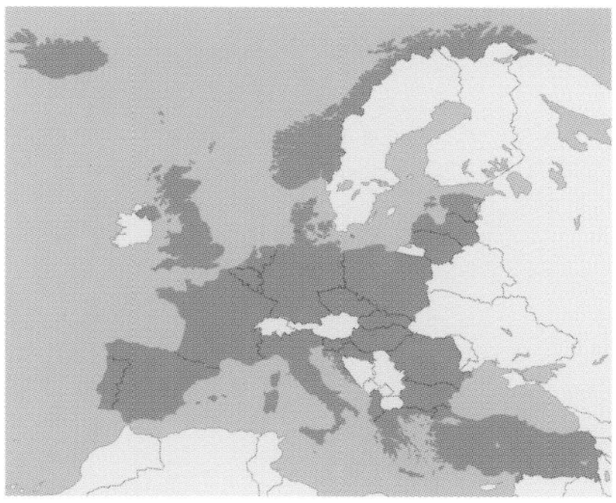

2009年

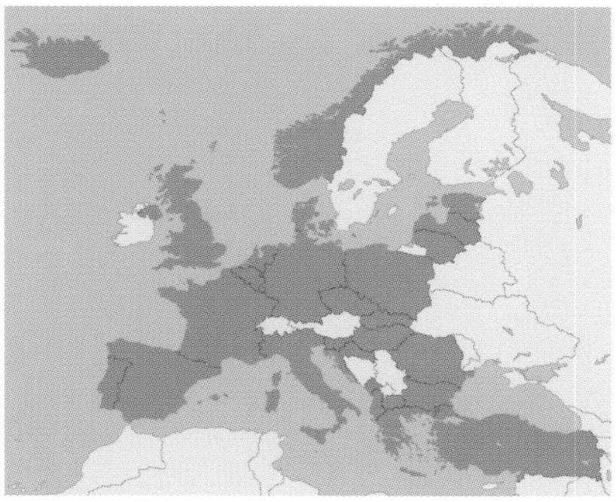

2020年

※国境《こっきょう》線は2023年1月現在《げんざい》

ロシアにせまるNATO同盟国《ナトーどうめいこく》

冷戦《れいせん》が終わるまでは、NATO《ナトー》の加盟《かめい》国は16か国で、ソ連《れん》と西側諸《にしがわしょ》国《こく》との間に、東ヨーロッパの国々がありました。冷戦終結《れいせんしゅうけつ》、ソ連解体《れんかいたい》後は、次第にNATO加盟《ナトーかめい》国が増《ふ》え、2020年までに30か国になりました。また、これまで、東西のどちらの同盟《どうめい》にも加《くわ》わらなかった北欧《ほくおう》のフィンランドとスウェーデンも加盟《かめい》を申請《しんせい》しています。

ソ連《れん》が解体《かいたい》すると、ソ連《れん》を中心としていたワルシャワ条約機構《じょうやくきこう》もなくなりました。ロシアの衛星《えいせい》国だった東ヨーロッパの国々は、ソ連解体《れんかいたい》後に次々とNATO《ナトー》に加盟《かめい》していきました。2020年までに、NATO同盟《ナトーどうめい》国は30か国に達《たっ》し、ロシアと国境《こっきょう》を接《せっ》する国にも参加《さんか》するところが現《あらわ》れました。ロシアは、友好国ではない国と直接国境《ちょくせつこっきょう》を接《せっ》することになったわけです。ロシアとしては、いつ敵《てき》から攻《せ》めこまれるかわからないとおびえる事態《じたい》になったのです。

このうえ、ウクライナまでもNATO《ナトー》に加盟《かめい》するようなことになれば、ロシアはのどもとに刃物《はもの》をつきつけられたような状況《じょうきょう》に追いこまれることになると考えました。ロシアは、なんとしてもそのような事態《じたい》をさけようとします。2014年にロシアがクリミア半島を併合《へいごう》したのも、2022年にウクライナに侵攻《しんこう》したのも、自国を守ろうとする行動のつもりだったのです。

ロシアのウクライナ侵攻《しんこう》の行方《ゆくえ》

これまで見てきたように、2022年に起こったロシアによるウクライナ侵攻《しんこう》は、ロシアの歴史的《れきしてき》な政策《せいさく》や、冷戦《れいせん》後の歩みとも深い関係《かんけい》があります。

ロシアがウクライナに侵攻《しんこう》した理由は、大きく2つあげられます。ひとつは、敵対《てきたい》する国と国境《こっきょう》を接《せっ》することにより国土が侵略《しんりゃく》されることへの心配を打ち消すためです。プーチン大統領《だいとうりょう》は、「自国の安全を守るため」と言っています。もうひとつは、ウクライナはもともとロシアの一部だったのだから、取りもどすのは当然《とうぜん》のことだというものです。

どちらの理由もロシアのウクライナ侵攻《しんこう》を正当化するものにはなりません。アメリカや日本など、多くの国は、ロシアを非難《ひなん》し、経済的《けいざいてき》な制裁《せいさい》を加《くわ》えています。しかし、その一方で、強く出られない面もあります。ロシアがエネルギーや食料《しょくりょう》の供給《きょうきゅう》をストップしたら困《こま》る国が多いからです。さらに、ロシアを刺激《しげき》しすぎて核兵器《かくへいき》が用いられたら、世界は悲惨《ひさん》なことになってしまいます。なかなか解決《かいけつ》の見通しが立たない問題です。

ウクライナ侵攻《しんこう》の今後は?

2023年現在《げんざい》、ロシアのウクライナ侵攻《しんこう》がどういう決着をむかえるかわかりません。今後について、いくつかのシナリオが考えられます。

シナリオ1 停戦宣言《ていせんせんげん》

プーチン大統領《だいとうりょう》が停戦《ていせん》を宣言《せんげん》する。それまでに組み入れた領土《りょうど》は、そのままロシアのものにする。ウクライナは、周《まわ》りの国の意見も聞き入れてそれを認《みと》める。

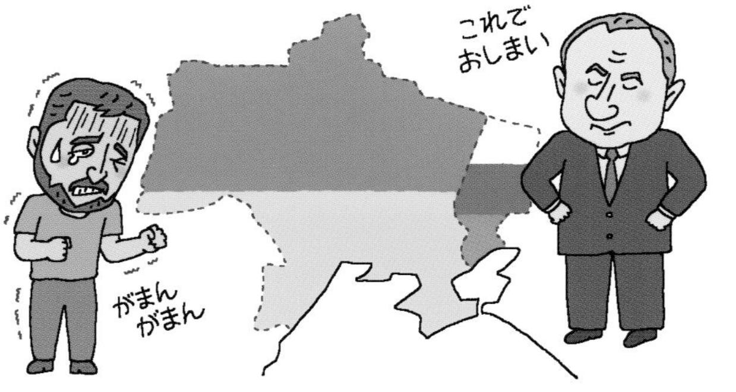

シナリオ2 ウクライナの勝利《しょうり》

ウクライナが徹底的《てっていてき》に対抗《たいこう》して、ロシア軍《ぐん》を自国から追い出す。あるいは、ロシアがあきらめて軍《ぐん》を引く。ただし、ロシアがその結末《けつまつ》をさけようと、核兵器《かくへいき》を使う可能性《かのうせい》もある。

シナリオ3 ロシアの勝利《しょうり》

ロシアがウクライナ全土を支配《しはい》し、ウクライナの国内にもロシアに味方する勢力《せいりょく》が増《ふ》え、ロシアに降伏《こうふく》する。

シナリオ4 長期化

おたがいに兵器《へいき》が不足《ふそく》して、戦闘《せんとう》はおさまるが、そのままの状態《じょうたい》が何年にもわたって続《つづ》く。

長年、ロシアは不凍港《ふとうこう》を求《もと》めて南下政策《せいさく》をとってきました。しかし、21世紀《せいき》になって、その状況《じょうきょう》が変《か》わってきました。地球温暖《おんだん》化の影響《えいきょう》で、北極《ほっきょく》海の海氷面積《めんせき》が少なくなり、北極《ほっきょく》海を船が運航《うんこう》する航路《こうろ》が利用《りよう》できるようになっているのです。日本にとっても、北極《ほっきょく》海航路《こうろ》にはいくつものメリットがあります。ひとつは、ヨーロッパと日本の間の距離《きょり》が短縮《たんしゅく》されること。スエズ運河《うんが》を通る航路《こうろ》に比《くら》べ、約《やく》3割《わり》短くなります。2つめは、海賊《かいぞく》がいない航路《こうろ》なので、安全に航行《こうこう》できること。そして3つめは、航行許可《こうこうきょか》を得《え》る国がロシアだけですむことです。スエズ運河《うんが》を通る航路《こうろ》だと、中東やアジアの多くの国の航行許可《こうこうきょか》をとる必要《ひつよう》があり、手続《てつづ》きがめんどうです。政情《せいじょう》が不《ふ》安定な国もあるので、許可《きょか》が取りにくいこともあります。

今後、この航路《こうろ》を生かして、ロシアがシーパワーの国へと変《か》わっていく可能性《かのうせい》もあります。そうなると、世界の情勢《じょうせい》が大きく変化《へんか》するかもしれません。地球温暖《おんだん》化は、世界の国のあり方にも影響《えいきょう》するのですね。

北極《ほっきょく》海航路《こうろ》

北極《ほっきょく》海航路《こうろ》が利用《りよう》できるようになると、日本にもいくつかのメリットがあります。燃《ねん》料《りょう》が節約《せつやく》でき、地球環境《かんきょう》にもよい効果《こうか》をもたらします。

戦争《せんそう》って、どんなこと?

この巻《かん》ではこれまで、「国と国は対立することがある」、「どの国も自国の安全を第一に考え、他国に攻《せ》められないようにしている」といったことについて見てきました。

ここからは、戦争《せんそう》とはいったい何か、どのような原因《げんいん》で戦争《せんそう》が起こるのかなどについて、くわしく考えていくことにしましょう。

初《はじ》めに、「戦争《せんそう》」とはどのようなことをさすのでしょうか。辞書《じしょ》には、「国と国が武力《ぶりょく》を用いて戦《たたか》うこと」といった説明《せつめい》があります。「武力《ぶりょく》」とは、軍隊《ぐんたい》のほか、戦車《せんしゃ》や爆《ばく》弾《だん》などの兵器《へいき》のことです。人に置《お》きかえると、争《あらそ》いを解《かい》決《けつ》するために、暴力《ぼうりょく》や兵器《へいき》を使って相手にいうことを聞かせようとすることが戦争《せんそう》に当たります。

戦争《せんそう》と似《に》た言葉に、「紛争《ふんそう》」と「内戦《ないせん》」があります。どちらも戦《たたか》いを表しますが、紛争《ふんそう》は、戦争《せんそう》より小規模《きぼ》なもの、地域《ちいき》が限《かぎ》られているもの、国同士《どうし》ではないものなどをさします。一方、「内戦《ないせん》」は、同じ国の中での武力《ぶりょく》による戦《たたか》いをさします。

「戦争《せんそう》」「紛争《ふんそう》」「内戦《ないせん》」のちがい

「戦争《せんそう》」「紛争《ふんそう》」「内戦《ないせん》」は、どれも戦《たたか》いのことですが、意味合いがちがいます。ただし、はっきり区別がしにくいこともあります。

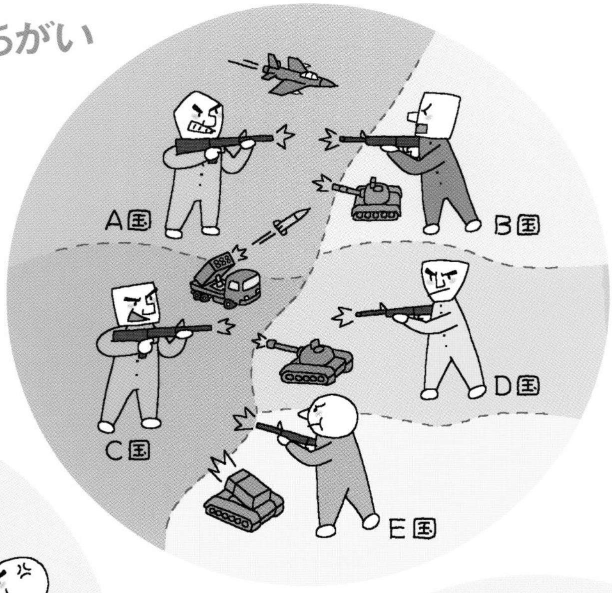

戦争《せんそう》

国と国とが武力《ぶりょく》を使って戦《たたか》うこと。1国対1国の場合もあれば、複数《ふくすう》の国が関係《かんけい》することもある。第一次世界大戦《たいせん》や第二次世界大戦《たいせん》のように、世界の多くの国を巻《ま》きこむ大規模《きぼ》な戦争《せんそう》もあった。

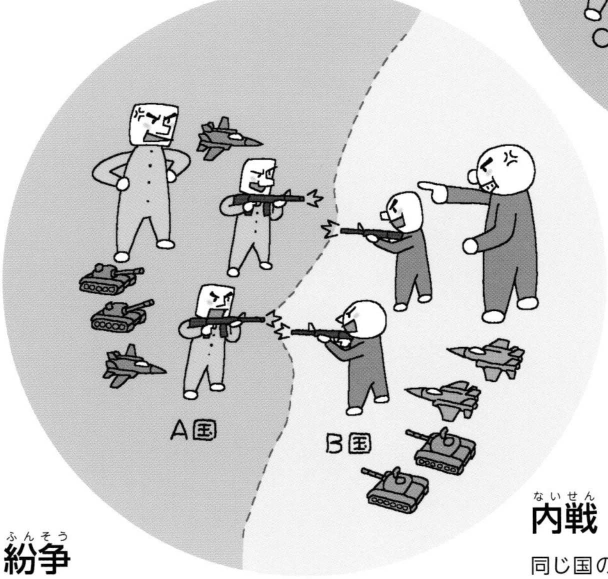

紛争《ふんそう》

戦争《せんそう》ほど大規模《きぼ》ではない戦《たたか》い。国と国が国境線《こっきょうせん》をめぐって対立し、軍隊同士《ぐんたいどうし》の戦《たたか》いに発展《はってん》するなど。また、武力《ぶりょく》は使わない対立や争《あらそ》いをさすこともある。実質的《じっしつてき》には戦争《せんそう》でも、紛争《ふんそう》と呼《よ》ぶこともある。

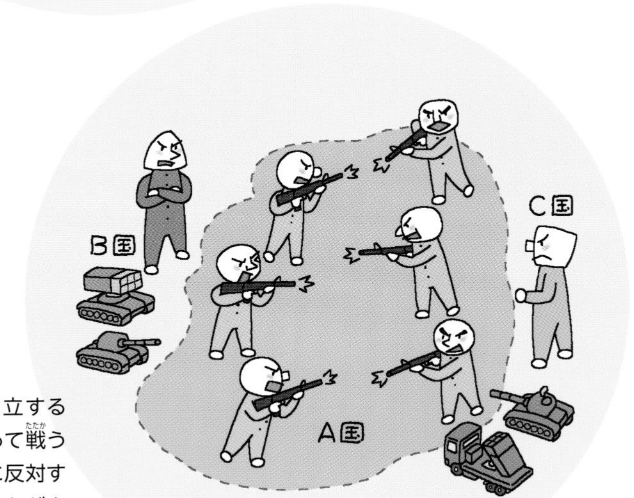

内戦《ないせん》

同じ国の中で、対立する勢力《せいりょく》が武力《ぶりょく》を使って戦《たたか》うこと。政府《せいふ》とそれに反対する勢力《せいりょく》が戦《たたか》うことなどをさす。内戦《ないせん》をする勢力《せいりょく》に他国が力を貸《か》すこともある。

戦時国際法《せんじこくさいほう》とは?

戦争《せんそう》のさなかでも守らなければならない国際的《こくさいてき》なルールがあります。悲惨《ひさん》な事態《じたい》をさけるためと、人はどんな場合でも人道的《てき》にあつかわれなければならないとする考えにもとづきます。

攻撃《こうげき》してよいのは戦闘員《せんとう》と軍事施設《ぐんじしせつ》だけ

降伏《こうふく》した兵士《へいし》や民間人《みんかん》などを攻撃《こうげき》してはいけない。病院や学校、歴史的《れきしてき》な建物《たてもの》、発電所など、軍事《ぐんじ》に関係《かんけい》のない施設《しせつ》も攻撃《こうげき》してはいけない。

相手の信頼《しんらい》を裏切《うらぎ》る目的《もくてき》の行動をしてはいけない

赤十字の印《しるし》をかかげて相手を攻撃《こうげき》することや相手国の軍隊《ぐんたい》の服を着たり、相手国の国旗《こっき》をかかげたりして攻撃《こうげき》することなどは禁止《きんし》。

戦争《せんそう》に加《くわ》わっていない国は中立の立場を保《たも》つ

戦争《せんそう》をしていない国(中立国)は、どちらかの国を助けてはいけない。自国の領土《りょうど》をどちらかの国の軍隊《ぐんたい》に使わせてはいけない。

Cynet Photo

太平洋戦争《せんそう》では、アメリカ軍《ぐん》は、日本に対して無《む》差別《さべつ》に空襲《くうしゅう》を行った。これは本来、戦争《せんそう》のルールに反する行いだった。

国と国との戦《たたか》いである戦争《せんそう》にもルールがあります。大昔の戦争《せんそう》は、どのような手段《しゅだん》を使ってでも相手を打ち負かせばよいとするものでしたが、近代になると、たとえ戦争《せんそう》であってもルールを決めて、悲惨《ひさん》な事態《じたい》になることをさけようとする動きが出てきました。

例《たと》えば、戦闘員《せんとう》や軍事施設以外《ぐんじしせついがい》を攻撃《こうげき》してはいけないというルールがあります。民間人《みんかん》や一般《いっぱん》の住宅《じゅうたく》などは攻撃《こうげき》してはいけないのです。また、捕虜《ほりょ》になった人を殺《ころ》したり苦しめたりしてはいけないというルールもあります。毒《どく》ガスなどの化学兵器《へいき》や細菌《さいきん》などをばらまく生物兵器《へいき》は使ってはいけません。降伏《こうふく》すると見せかけて攻撃《こうげき》するようなひきょうなふるまいも禁《きん》じられています。

このような戦争《せんそう》でのルールは、戦時国際法《せんじこくさいほう》として取り決められています。ただし、実際《じっさい》の戦争《せんそう》になると、守られないこともあります。

戦争《せんそう》の原因《げんいん》はさまざま

「人類《じんるい》の歴史《れきし》は戦争《せんそう》の歴史《れきし》である」といっても大げさではないほど、昔から多くの戦争《せんそう》が起こりました。その原因《げんいん》はさまざまで、時代とともに変化《へんか》してきました。

大昔、人類《じんるい》が主に狩《か》りをして食料《しょくりょう》を手に入れていたころは、あちこちに移《うつ》り住《す》み、協力《きょうりょく》して食料《しょくりょう》を得《え》て分け合っていたので、大きな戦争《せんそう》はなかったと考えられます。やがて農耕《のうこう》が始まると、人々は同じ場所で暮《く》らすようになり、村ができました。農業で得《え》られた穀物《こくもつ》などは、ためておくことができるので、豊《ゆた》かな人と貧《まず》しい人の差《さ》が生まれます。また、大勢《おおぜい》に指図をする指導《しどう》者が生まれ、国ができます。すると、穀物《こくもつ》や農業に適《てき》した豊《ゆた》かな土地をうばいあう争《あらそ》いが起こるようになります。そのための武器《ぶき》もつくられ、戦争《せんそう》が起こったと考えられます。

やがて、国の指導《しどう》者は、自国をさらに大きく、豊《ゆた》かにするために、ほかの国に攻《せ》めこむようになります。領土《りょうど》を広げ、食料《しょくりょう》や財宝《ざいほう》などをうばうことが、戦争《せんそう》の大きな目的《もくてき》のひとつでした。

戦争《せんそう》の始まり

約《やく》9000年前の西アジアで農耕《のうこう》が始まり、約《やく》5000年前に各地《かくち》の大河《たいが》のほとりに文明が生まれました。そのころから、豊《ゆた》かな土地をうばいあう戦争《せんそう》が起こるようになりました。

古代の大帝国《ていこく》

紀元《きげん》前4世紀《せいき》のマケドニア王国の国王だったアレクサンドロス大王（紀《き》元《げん》前356～前323年）は、20歳《さい》で王になると各地《かくち》に遠征《えんせい》し、30歳《さい》までにギリシャからインド北西部におよぶ大帝国《ていこく》を築《きず》きました。

領土《りょうど》を広げ、他国を征服《せいふく》しようとする欲望《よくぼう》が戦争《せんそう》を引き起こす原因《げんいん》のひとつです。

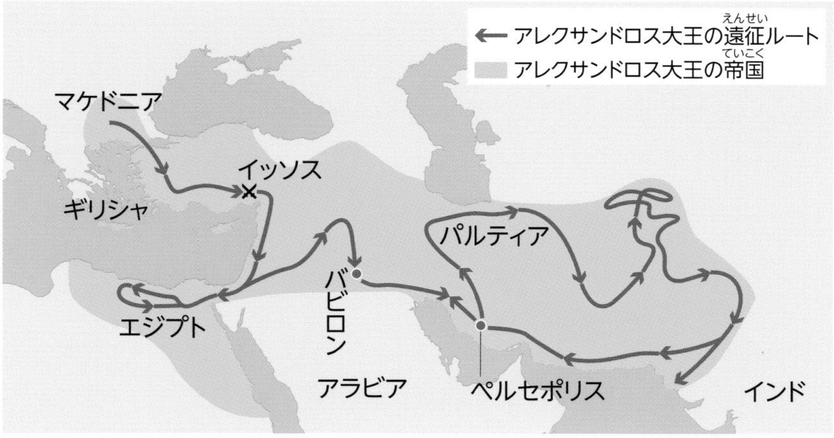

戦争《せんそう》の原因《げんいん》

領土争《りょうどあらそ》いをはじめ、戦争《せんそう》にはさまざまな原因《げんいん》があります。いくつかの原因《げんいん》が重なって起こる戦争《せんそう》もあります。

民族《みんぞく》の対立

中東の戦争《せんそう》や紛争《ふんそう》の原因《げんいん》のひとつは、ユダヤ人とアラブ人の対立。少数民族《みんぞく》のクルド人とトルコなどの対立もある。

宗教《しゅうきょう》の対立

キリスト教とイスラム教などの対立。同じキリスト教でも、カトリックとプロテスタントが対立して戦争《せんそう》になったこともある。

資源《しげん》のうばいあい

16世紀《せいき》には、南アメリカの金や銀をねらって、ヨーロッパ人が侵略《しんりゃく》した。石油などをめぐる対立は、太平洋戦争《せんそう》の原因《げんいん》のひとつになった。

イデオロギーの対立

第二次世界大戦《たいせん》後に、資本主義《しほんしゅぎ》の国と社会主義《しゅぎ》の国の冷戦《れいせん》が始まり、朝鮮戦争《ちょうせんせんそう》やベトナム戦争《せんそう》などが起こった。

独立《どくりつ》のための戦争《せんそう》

18世紀《せいき》のアメリカの独立戦争《どくりつせんそう》、第二次世界大戦《たいせん》後のアジア・アフリカの国が独立《どくりつ》のために戦《たたか》った戦争《せんそう》などがある。

世界にはさまざまな民族《みんぞく》が暮《く》らしています。民族《みんぞく》とは文化や言葉、生活のしかたなどが同じ集団《しゅうだん》のことで、多くは同じ民族同士《みんぞくどうし》でまとまって生活しています。同じ地域《ちいき》に異《こと》なる民族《みんぞく》が暮《く》らしていると、対立が起こり、戦争《せんそう》に発展《はってん》することもあります。

また、宗教《しゅうきょう》のちがいが戦争《せんそう》の原因《げんいん》となることもあります。中世のヨーロッパでは、キリスト教の聖地《せいち》をイスラム教徒《きょうと》からうばうために、たびたび十字軍《ぐん》が送られ、戦《せん》争《そう》がくり返されました。また、同じ宗教《しゅうきょう》でも宗派《しゅうは》（同じ宗《しゅう》教《きょう》の中の考え方の異《こと》なる集団《しゅうだん》）がちがうと戦争《せんそう》になることもありました。

産業《さんぎょう》や経済《けいざい》が発達《はったつ》してくると、金、銀などの鉱物《こうぶつ》や石油などの資源《しげん》をめぐる戦争《せんそう》も起こるようになりました。近代には、資本主義《しほんしゅぎ》や社会主義《しゅぎ》といった社会のありようについての考え方（イデオロギー）のちがいが対立の原《げん》因《いん》となり、戦争《せんそう》に発展《はってん》することもありました。

このほかに、植民地《しょくみんち》として支配《しはい》されていた地域《ちいき》が独立《どくりつ》するために起こす戦争《せんそう》もあります。

このように、さまざまな原因《げんいん》で戦争《せんそう》が起こります。

戦争《せんそう》はよくないこと？

戦争《せんそう》が起こると、多くの人々の命がうばわれ、家や財産《ざいさん》などが失《うしな》われます。過去《かこ》の戦争《せんそう》を見れば、それは明らかです。一般《いっぱん》の人が兵《へい》士《し》としてかりだされ、国民《こくみん》は不《ふ》自由な暮《く》らしをしなければならなくなります。

現代《げんだい》の社会では、人の命は何よりも尊重《そんちょう》されなければなりません。また、戦争《せんそう》で命をうばわれたり、悲惨《ひさん》な生活におちいったりしたい人はいないでしょう。「戦争《せんそう》はよくないこと」だとだれもが思っているのではないでしょうか。それなのに、戦争《せんそう》が起こってしまうのはなぜなのでしょう。

それは、「戦争《せんそう》はよくないことだけれど、やむを得《え》ない場合もある」と考える人がいるからではないでしょうか。例《たと》えば、ある日突然《とつぜん》、よその国が自国に向けてミサイルを打ちこんできたり、戦車《せんしゃ》で攻《せ》めてきたりしたらどうでしょう。自分や家族の命を守るためには、戦《たたか》わなければならないでしょう。自国を守るための戦争《せんそう》は、国際的《こくさいてき》にも認《みと》められています。これを、「自衛権《じえいけん》」といいます。さらに、自国と強い関係《かんけい》のある国が攻《せ》めこまれた場合は、自国が攻撃《こうげき》されていなくても戦争《せんそう》をする権利《けんり》も認《みと》められています。これを「集団的自衛権《しゅうだんてきじえいけん》」といいます。

やむを得《え》ない戦争《せんそう》もある!?

戦争《せんそう》はよくないことですが、自国が攻撃《こうげき》された場合に、自国を守る権《けん》利《り》（自衛権《じえいけん》）は認《みと》められています。

また、自国と関係《かんけい》の深い国が攻撃《こうげき》された場合は、その国とともに戦《たたか》う権利《けんり》（集団的自衛権《しゅうだんてきじえいけん》）が認《みと》められています。

自衛権《じえいけん》

集団的自衛権《しゅうだんてきじえいけん》

日本は、憲法《けんぽう》で「戦争《せんそう》は永久《えいきゅう》にしない」と定めています。ただし、自《じ》衛権《えいけん》はあると考えられています。

以前《いぜん》は、政府《せいふ》は、集団的自衛権《しゅうだんてきじえいけん》はないと解釈《かいしゃく》していましたが、2014年に、集団的自衛権《しゅうだんてきじえいけん》があるという解《かい》釈《しゃく》に変《か》わりました。

戦争《せんそう》と経済《けいざい》

戦争《せんそう》には、莫大《ばくだい》な費用《ひよう》がかかります。日本は、太平洋戦争《せんそう》で、当時の国内総生産《そうせいさん》（GDP）の8.8倍にあたるお金を使いました。そのお金は国民《こくみん》が負《ふ》担《たん》したもので、兵士《へいし》の人件費《じんけんひ》や武器《ぶき》を調達《ちょうたつ》するために使われました。

武器《ぶき》をつくるなど、軍事《ぐんじ》に関《かか》わる企《き》業《ぎょう》は、戦争《せんそう》で大きな利益《りえき》を得《え》ます。

しかし、敗戦《はいせん》は経済《けいざい》の混乱《こんらん》をまねきます。日本も、敗戦《はいせん》後の1945年から1949年までに物価《ぶっか》が約《やく》70倍になるなど、国民《こくみん》生活に大きな影響《えいきょう》が出ました。

日本が戦争《せんそう》に費《つい》やした費用《ひよう》

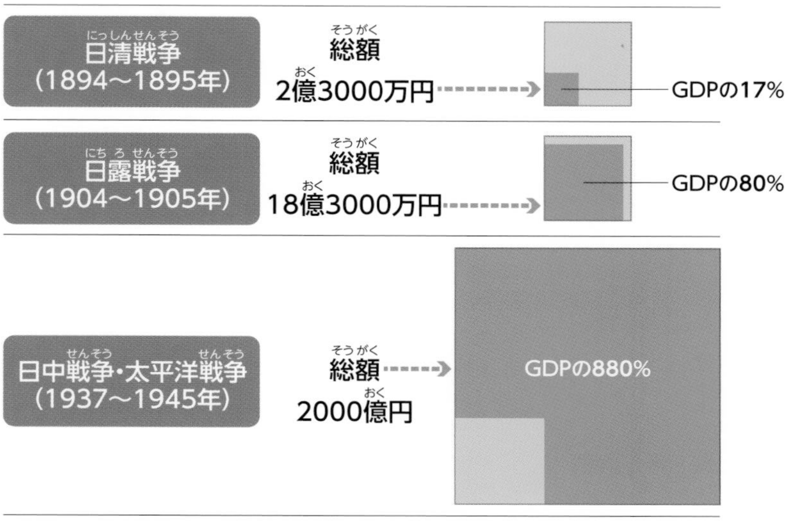

戦争《せんそう》に関連《かんれん》するものをつくったり、運んだりする産業《さんぎょう》を軍需《ぐんじゅ》産業《さんぎょう》といいます。

戦闘機《せんとうき》や軍艦《ぐんかん》などの兵器《へいき》、兵《へい》士《し》が使う武器《ぶき》や装備《そうび》、兵士《へいし》の日《にち》常《じょう》生活に必要《ひつよう》な食料《しょくりょう》や毛布《もうふ》、日用品など、さまざまなものをつくる企業《きぎょう》が関《かか》わっています。

戦争《せんそう》で多くのものが失《うしな》われる一方で、利益《りえき》を得《え》る人や企業《きぎょう》があることも事実です。戦争《せんそう》には、兵士《へいし》や武器《ぶき》が必要《ひつよう》です。戦《たたか》いでは戦車《せんしゃ》や飛行機《ひこうき》、銃《じゅう》や弾丸《だんがん》などの武器《ぶき》が大量《たいりょう》に使われるため、それらをつくる企業《きぎょう》は莫大《ばくだい》な利益《りえき》を得《え》ます。そのほかに、兵士《へいし》のための軍服《ぐんぷく》や食料《しょくりょう》、毛布《もうふ》といったものや、飛行機《ひこうき》などを動かす燃料《ねんりょう》などをつくったり、輸送運搬《ゆそううんぱん》にたずさわったりする企業《きぎょう》も利益《りえき》を得《え》ます。戦争《せんそう》となれば、とにかく勝つことが最大《さいだい》の目的《もくてき》になるので、政府《せいふ》も費用《ひよう》をおしみません。

直接戦争《ちょくせつせんそう》に関《かか》わっていない国でも、注文を受けて武器《ぶき》などをつくり、利益《りえき》を得《え》ることもあります。1950年に起こった朝鮮戦争《ちょうせんせんそう》では、日本の企業《きぎょう》にたくさんの物資《ぶっし》の注文が入り、戦後《せんご》の経済《けいざい》の立て直しにつながりました。

だからといって戦争《せんそう》を認《みと》めるわけではありませんが、戦《せん》争《そう》にはそういう面もあることは知っておきたいものです。

1巻《かん》のまとめ

地政学《ちせいがく》とは

地政学《ちせいがく》=地理的条件《てきじょうけん》をもとに国際政治《こくさいせいじ》を説明《せつめい》する学問。

ランドパワーの国とシーパワーの国がある。

世界の重要《じゅうよう》地点=チョークポイント。

シーパワーの大国、アメリカ

アメリカは、シーパワーの島国と考えられる。

18世紀《せいき》に独立《どくりつ》して、領土《りょうど》を広げた。

太平洋からアジアに進出した。

第二次世界大戦《たいせん》後はソ連《れん》と並《なら》ぶ超《ちょう》大国になった。

世界のバランス・オブ・パワーを考える戦略《せんりゃく》をとる。

ランドパワーの大国、ロシア

ロシアはユーラシア大陸《たいりく》のハートランドに位置《いち》する。

昔から南下政策《せいさく》をとってきた。

社会主義《しゅぎ》のソ連《れん》が解体《かいたい》し、資本主義《しほんしゅぎ》になった。

自国の安全を守るとしてウクライナに侵攻《しんこう》した。

戦争《せんそう》が起こるわけ

さまざまな原因《げんいん》で戦争《せんそう》が起こる。

領土拡大《りょうどかくだい》をめざす／他国を征服《せいふく》し、財産《ざいさん》をうばう

民族《みんぞく》の対立／宗教《しゅうきょう》(宗派《しゅうは》)の対立

イデオロギーの対立／資源《しげん》のうばいあい／独立戦争《どくりつせんそう》

さくいん

教えて！池上彰さん どうして戦争はなくならないの？ 地政学で見る世界 1 アメリカ・ロシア

2023年4月6日　第1刷発行
2024年4月23日　第2刷発行

監修 池上彰(いけがみ・あきら)

1950年、長野県生まれ。ジャーナリスト、名城大学教授、東京工業大学特命教授。慶應義塾大学卒業後、73年にNHK入局。94年から11年間、「週刊こどもニュース」のお父さん役として活躍。2005年に独立。「知らないと恥をかく世界の大問題」シリーズ、『何のために伝えるのか？情報の正しい伝え方・受け取り方』(KADOKAWA)、『池上彰の「経済学」講義1・2』(角川文庫)など著書多数。「なぜ僕らは働くのか　君が幸せになるために考えてほしい大切なこと」(学研プラス)など監修も多数。

ブックデザイン	高橋コウイチ(WF)
企画・編集	山岸都芳(小峰書店)
編集協力	大悠社
表紙イラスト	KanKhem/Shutterstock.com cobalt88/Shutterstock.com DrAndY/Shutterstock.com
本文イラスト	タカダカズヤ
図版作成	アトリエ・プラン

監修者	池上彰
発行者	小峰広一郎
発行所	株式会社 小峰書店 〒162-0066 東京都新宿区市谷台町4-15 電話 03-3357-3521　FAX 03-3357-1027 https://www.komineshoten.co.jp/
印刷	株式会社 三秀舎
製本	株式会社 松岳社

NDC319　39P　29×23cm
ISBN978-4-338-36001-2

参考文献

池上彰『池上彰の君と考える戦争のない未来』(理論社)

池上彰『池上彰の世界を知る学校』(朝日新聞出版)

池上彰『なぜ世界を知るべきなのか』(小学館)

池上彰『なぜ、世界から戦争がなくならないのか？』(SBクリエイティブ)

池上彰『知らないと恥をかく世界の大問題』(KADOKAWA)

池上彰監修『ライブ！2022 公共、現代社会を考える』(帝国書院)

鍛冶俊樹監修　インフォビジュアル研究所著『図解でわかる 14歳からの地政学』(太田出版)

奥山真司監修『サクッとわかる ビジネス教養 地政学』(新星出版社)

沢辺有司『地政学から見る日本の領土』(彩図社)

ジオヒストリー『歴史と地理がいっきにわかる 世界史』(宝島社)

神野正史監修『[最新版]地政学でよくわかる！世界の戦争・紛争・経済史』(コスミック出版)

曽村保信『地政学入門 改版 外交戦略の政治学』(中央公論新社)

高橋洋一『世界のニュースがわかる！図解地政学入門』(あさ出版)

田中孝幸『13歳からの地政学 カイゾクとの地球儀航海』(東洋経済新報社)

出口治明『教養としての「地政学」入門』(日経BP)

船橋洋一監修 バウンド著『こども地政学 なぜ地政学が必要なのかがわかる本』(カンゼン)

パスカル・ボニファス　ユベール・ヴェドリーヌ『最新　世界紛争地図』(ディスカヴァー・トゥエンティワン)

祝田秀全監修 長谷川敦著『世界史と時事ニュースが同時にわかる 新 地政学』(朝日新聞出版)

村山秀太郎監修『図解でよくわかる 地政学で読みとく「これからの世界」』(世界文化社)

茂木誠『世界史で学べ！地政学』(祥伝社)

茂木誠監修『マンガでわかる地政学』(池田書店)

ほか